박종진의
쾌도난마

박종진의
쾌도난마

동아일보사

●●●●● 우리 사회의 막힌 곳을 단칼에 뚫고 아픈 곳을 따뜻하게 보듬으며 앞으로 나아갈 길을 정의롭게 밝혀주는 정말 착한 책.

_**이필상** 전 고려대 총장

●●●●● 서툰 듯하면서도 날카롭게 파고드는 박종진 앵커 특유의 화법과 촌철살인의 시각으로 대선 정국과 각종 시사 현안을 파헤쳤다.

_**임태희** 전 대통령비서실장

●●●●● 앵커 박종진과 마주 앉고서야 나는 비로소 그간 감추어왔던 비밀들을 직선으로 토해놓고 싶어졌다. _**김진명** 작가

●●●●● 정치 이슈에 대한 냉철한 분석을 유쾌한 익살과 요란한 수다로 버무린 책. _**황상민** 연세대 교수

●●●●● 박종진 앵커는 시사 현안의 큰 물줄기를 찾아 대담하게 인터뷰를 진행하는 탁월한 능력의 소유자다. _**윤창중** 정치 칼럼니스트

"

이판사판이 될 뻔한 첫 방송에서
전당대회 돈봉투 사건 특종까지

"

2011년 12월 19일 낮 12시 북한 김정일 국방위원장 사망 소식이 조선중앙TV 특별방송을 통해 발표되었다.

점심식사를 하러 나가던 기자들은 모두 점심을 포기하고 회사로 복귀했다. 채널A도 방송 특보가 처음이라 당황하는 분위기였다. 박상규 메인 앵커가 분장을 하고 두 시간을 진행하면서 일단 시간을 끌었다.

박 앵커의 뒤를 이어 진행할 선수가 필요했다. 본부장으로부터 생방송을 준비하라는 다급한 지시가 떨어졌다. 당시 나는 회사를 옮긴 지 일주일도 안 돼 스튜디오가 어디 있는지조차 모르는 상태였다. 작가도 없었고 방송 원고도 없었다. 해진 양복을 그대로 입고 앵커석에 앉아 북한 방송의 자료 화면을 보면서 두 시간을 진행했다. 지금 돌이켜보면 어떻게 진행했는지 전혀 기억에 없지만 그동안 대본 없이 생방송을 진행한 경험이 꽤 있던 터라 그리 힘든 일은 아니었다. 방송을 다 마치고 내 자리로 돌아왔더니 전화가 연달아 걸려왔다. "잘했다", "대박이다", "신선하다" 등의 칭찬과 함께 나는 다음 날부터 특보를 계속 진행하는 영광(?)을 누리게 됐다.

12월 23일 특보 마지막 날, 다음 주 월요일부터 새로운 프로그램을 진행하라는 지시가 내려왔다. 원래 방송 프로그램을 만들 때는 최소한 한 달의 준비 기간이 필요하다. 무대와 타이틀도 만들어야 하고, 작가도 뽑아야 하고, PD도 선정해야 하기 때문이다.

그런데 금요일에 지시하고 사흘 뒤인 월요일에 생방송을 하라는 거였다. 기가 막힐 노릇이었다. 이렇게 해서 타이틀도 없는 〈박종진의 쾌도난마〉가 시작됐다.

당초 프로그램명은 〈박종진의 이판사판〉이 유력했으나 김차수 보도본부장의 아이디어로 〈박종진의 쾌도난마〉라는 기막힌 이름이 탄생했다. 하지만 당장 월요일에 나올 초대 손님부터 섭외하는 것이 문제였다. 첫 방송이니만큼 '대박 손님'이 필요했다. 칩거 중이던 홍준표 전 한나라당 대표에게 사정사정 했더니 결국 학교 후배의 부탁을 뿌리치지 못하고 출연해주었다. 무척이나 감사했다.

아직 다른 방송사에서 이직하지 못한 작가와 얼굴도 마주하지 못

한 채 이메일로 대본을 수정해가며 〈박종진의 쾌도난마〉는 막이 올랐다. 결과적으로 〈박종진의 쾌도난마〉는 김정일 국방위원장의 사망 때문에 태어난 프로그램이 되었다.

한국의 정치문화
바꾼 토크쇼

2012년 1월 3일 일곱 번째 방송을 하는 날, 고승덕 한나라당 의원이 출연했다. "전당대회에서 돈을 받았냐?"라는 질문을 했다. 대본에는 없었지만 나는 이미 관련 자료를 손에 들고 있던 터라 고 의원은 꼼짝없이 시인할 수밖에 없었다.

이어서 나는 "법조인의 양심에 비춰볼 때 불법이냐, 합법이냐?"라고 물었고 고 의원은 잠시 머뭇거렸으나 "불법이다"라고 재확인까지 해주었다. 이 몇 마디의 인터뷰가 나중에 사회적으로 큰 파장을 일으킬 것이라고는 그도, 나도 몰랐다.

고 의원의 '전당대회 돈봉투 발언'은 〈박종진의 쾌도난마〉를 대한민국에 알리는 커다란 계기가 되었다. 정치판도 새롭게 바뀌는 분위기였다. 돈 먹는 정치를 바꾸자는 자성의 목소리가 여기저기서 터져 나왔다. 모두 알면서도 묵인해왔던 정치 병폐를 〈박종진의 쾌도난마〉가 일대 변혁시킨 전환점을 만든 것이다.

난데없이 유탄을 맞은 박희태 국회의장과 김효재 정무수석은 결국 옷을 벗었다. 한나라당은 당명을 새누리당으로 바꾸게 되었고 그런 이유에서인지는 몰라도 고승덕 의원은 공천에서 탈락했다. 본의 아니게 폐를 끼친 이분들에게 죄송하다는 말씀을 전하고 싶다.

나는 이 일로 인해 '한국 참언론인 대상(TV 앵커 부문)'을 수상하는 영광을 안게 되었다.

〈박종진의 쾌도난마〉는 대한민국 방송 사상 최초로 탄생한 '생방송 데일리 토크 프로그램'으로, 첫 방송 이래 평균 시청률 1%를 크게 상회하는 쾌거를 이뤘다. 케이블에서 데일리 방송으로 월 평균 1%는 매우 높은 시청률이다. 지금은 2%를 넘어 3%대 시청률을 향해 달리고 있다.

청와대 출입기자를 비롯해 기자 시절 많은 내공을 쌓았던 덕분에 나는 초대 손님으로 누가 나오든, 어떤 방송 사고가 일어나든 긴장하지 않는다. 오히려 반전의 기회로 삼는다.

평소 철학은 '솔직하고 정직하게 사는 것'이고 '언젠가 죽는다'는 사실을 기억하면서 살려고 한다. 나의 솔직하고 거침없는 방송 스타일로 인해 수많은 열혈 팬들과 함께 안티 팬들이 만들어졌고 게시판에는 수만 개의 댓글이 올라오는 등 다른 방송사의 시사 프로그램과 비교해볼 때 압도적인 관심을 받고 있다.

정치를 포함한 사회 이슈를 때론 재미있게, 때론 날카롭게 다루는 〈박종진의 쾌도난마〉는 '좌－우, 진보－보수 가릴 것 없이 사람이 중심이다'라는 슬로건 아래 종편 채널의 보수적 성향을 바꾸려고 노력하고 있다.

〈박종진의 쾌도난마〉를 위해 묵묵히 뒤에서 일하고 있는 작가진과 연출진에게 진심으로 감사를 드린다. 그리고 출연해주신 모든 패널에게도 고개를 숙여 고마운 마음을 전한다.

미국의 래리 킹(Larry King) 같은 앵커가 되도록 더욱 열심히 공부하고 노력할 것이다.

2012년 가을
박종진

> ❝
> # 가식과 위선이 없는
> # 그래서 때로 불편하지만 진실한 방송!
> ❞

'한나라당 전당대회 돈봉투 사건'을 파헤친 장본인이자 거침없는 입담으로 출연자들을 압도하는 박종진 앵커. 언뜻 거칠고 난폭(?)할 것 같은데 막상 만나보면 젠틀하고 부드럽기까지 한 그를 인터뷰했다.

Q　　　〈박종진의 쾌도난마〉에서 보여주는 특유의 솔직하고 가식 없는 모습 덕분에 팬층이 점점 두터워지며 상한가를 치고 있다. 이와 동시에 출연자들의 치부를 캐내며 다소 공격적인 어휘를 사용한다는 지적 또한 나오고 있는데, 진행 방식이 공격적이라는 의견에 대해서는 어떻게 생각하나?

A　　　사실 나도 부드럽고 젠틀하게 프로그램을 진행하고 싶다. 공격적인 어휘로 출연자들을 대하는 것은 진행자인 내게도 부담스러운 일이다. 그러나 〈박종진의 쾌도난마〉는 논란이 되고 있는 사안들

에 대해 속속들이 파헤치는 방송이다. 그런 방송에서 진행자인 내가 부드럽고 자상하게만 다가간다면 아무것도 밝힐 수 없고 결국 모두가 알고 있는, 즉 이미 수면 위에 떠오른 '팩트'만을 되풀이하는 방송이 될 것이다. 그건 의미가 없다고 생각한다. 사건 당사자를 불러놓고 신문에서 그리고 뉴스에서 매일같이 나오는 식상한 내용을 다루기는 싫다. 그리고 방송을 진행할 때 사용하는 어휘가 다소 투박한 것은 모두가 공감하기 위한 방송을 만들기 위함이고 시청자들의 눈높이에서 사건사고를 바라보기 위함이다.

Q 〈박종진의 쾌도난마〉를 진행할 때 굵직굵직한 줄기 이외에는 대본이 없다고 들었는데, 그렇다면 방송 준비는 어떤 식으로 하나?

A 아니다. 사실 작가가 힘들게 고생한 덕분에 매회 짜임새 있는 대본이 나오는 것이다. 그러나 중요한 것은 내가 대본대로 진행하지 않는다는 것이다. 그래서 작가한테 매일같이 잔소리를 듣는다. 기껏 힘들게 대본을 짜줬는데 방송 진행은 자기 멋대로 하니까 그럴 만하다. 그러나 나는 '똘아이 기질'이 필요하다고 생각한다. 사람들은 '똘아이' 하면 비정상적이고 상식에서 벗어난 행동을 하는 사람이라고 인식한다. 그러나 사건사고와 이슈를 다루는 데 있어 지극히 정상적인 범주에

서만 방송을 진행한다면 출연자들은 결코 비밀을 털어놓지 않는다. '똘아이'적인 기질을 갖고 프로그램을 진행해야 뭐가 터져도 터진다.

Q 〈박종진의 쾌도난마〉에는 유독 새누리당 출신들이 잇달아 출연하고 있다. 왜 유독 새누리당 의원들의 출연이 빈번한 것인가?

A 우리도 야당의원과 진보 쪽 인사를 초청하고 싶다. 사실 나는 개인적으로 오히려 야당의원들과 더 친분이 두텁다. DJ와 노무현 정부 시절에 6년 동안 청와대 출입기자 생활을 했다. 이정희 전 통합진보당 공동대표는 내 절친한 친구의 동생이고, 박지원 민주통합당 원내대표만 해도 내가 청와대 출입기자를 하면서 매일같이 얼굴 보며 술 마시던 사이다. 그래서 진보 쪽 인사들에게도 계속 출연 의뢰를 하고 있지만 거절하는 사람들이 많기 때문에 어쩔 수 없이 지금은 여당 의원들이 자주 출연하고 있다. 이 자리를 빌려 야당 및 진보의원들에게 출연을 부탁한다. 방송에서 허심탄회하게 이야기해보자.

Q 고승덕 한나라당 의원과의 인터뷰에서 '한나라당 전당대회 돈봉투 사건'이 불거지며 세간의 이목이 집중되고 있다. 고승덕 의원에게 던진 돈봉투 관련 질문을 보면 애초에 이슈화가 의도됐다는 느낌

이 강한데, 출연자가 정해지면 이슈를 만들기 위한 질문 내용을 미리 준비하는 것인가?

A   굳이 이슈를 만들기 위한 목적으로 질문 내용을 준비하는 것은 아니지만 논란이 되고 있는 사안과 관련해 출연자들의 아픈 부위를 찌를 수 있는 내용을 준비하는 것은 사실이다. 〈박종진의 쾌도난마〉는 출연자들을 홍보해주기 위한 프로그램이 아니다. 오히려 그들의 아픈 부위를 찔러 시청자들이 진정으로 궁금해하는 것들에 대해 이야기하는 자리다. 따라서 출연자들의 약점을 파고들어 솔직한 이야기를 유도하기 위한 방송을 지향한다.

Q   출연자들의 약점과 허점을 찾아 공략하면서 이야기를 이끌어나가는 방송이라면 출연자들 입장에서는 굳이 이 프로그램에 출연하고 싶지 않을 것이다. 어떤 식으로 출연자들에게 〈박종진의 쾌도난마〉에 출연할 이유를 만들어주는 것인가?

A   〈박종진의 쾌도난마〉는 '현재의 이슈를 계속해서 찾아나가고 진실을 폭로하기 위한 방송'이다. 이를 위해 계속해서 트랜스포머와 같은 변화를 꾀할 것이다. 거기에 가식과 위선이 없는 솔직한 방송이라는 메리트가 부각된다면 분명 출연하고 싶어 하는 사람들이 더욱

많아질 것이라고 생각한다. 진실을 알고 있음에도 불구하고 이를 드러낼 만한 채널을 찾지 못해 방황하는 사람들이 많다. 그런 사람들은 분명 〈박종진의 쾌도난마〉에서 진실을 말하고 싶을 것이다. 요즘 들어 출연 요청이 점점 더 많아지는 것이 그 방증이다.

Q 〈박종진의 쾌도난마〉의 시청률이 상승세를 타면서 채널A의 간판 시사 프로그램으로 자리 잡고 있다. 그러나 오히려 화제가 되는 만큼 돌아오는 스트레스도 많을 것 같은데.

A 스트레스를 엄청 받는다. 며칠 전에는 스트레스성 감기몸살 때문에 죽을 뻔했다. 지금까지 이런 적이 없었기 때문에 주변 사람들이 몸 상한 거 아니냐며 많은 걱정을 해줬는데, 사실 몸살은 스트레스 때문이었다. 정확히 말하자면 시청률 스트레스. 요즘은 정말 매일 같이 시험을 보는 기분이다. 물론 답안지는 시청률 표다. 시청률에 목을 매는 사람이 되고 싶진 않지만, 시청률이 높다는 것은 더욱 많은 사람들이 관심을 보인다는 것을 의미하기 때문에 시청률에 민감해질 수밖에 없는 것 같다. 더욱 재미있고 유익한 방송을 만들기 위해 최선을 다하겠다.

일러두기

1. 이 책의 인터뷰에 등장하는 당명이나 직책은 방송 출연 시점을 기준으로 했습니다.

2. 인물에 대한 호칭은 생방송 당시 출연자들이 말한 내용을 가급적 그대로 반영했습니다.

강용석

"
양파 같은 안철수,
콘텐츠가 필요한
문재인
"

고소당하는 심정이 괴롭다는 걸 알기 때문에
아주 효과적인 방법입니다.
저는 주로 센 사람만 상대합니다.
국회의원 중에는 국회에서 최루탄 터뜨리는 분도 있고,
농성이나 시위를 전문으로 하는 분도 있는데
저는 이게 제일 잘하는 거니까요.
안철수 원장이 지금이라도 대선 불출마를 선언하면
고발한 거 다 취하할 생각입니다.

'포기를 모르는 남자', '고소·고발 집착남', '안철수·박원순 저격수', '극우보수의 아이콘'.
바로 강용석이란 이름 앞에 붙는 수식어다.
그는 서울대 법대와 동대학원을 졸업하고 하버드대 법과대학원에서 석사학위를 받았다.
참여연대를 거쳐 2004년 17대 총선에서 한나라당 공천을 받고 서울 마포을에
출마했으나 낙선했다. 이후 오세훈 서울시장 인수위원회 인수위원을 지냈으며,
지난 17대 대선에서는 이명박 후보의 중앙선대위 법률지원팀장을 맡았다.
2008년 18대 총선에서 다시 서울 마포을에 출마해 당선, 국회에 입성했다.
_2012년 1월 2일 방송

박종진　　너무 솔직해서 탈인 남자, 무소속 강용석 의원이 함께 자리
하셨습니다. 1998년부터 5년간 참여연대 경제개혁센터 집행위원으로
계셨죠? 이때 소액주주를 위한 변호사 활동도 하셨고요.

강용석　　네. 극우보수의 아이콘인 제가 왜 참여연대에서 활동했는지
궁금해하는 분들이 많더라고요. 지금도 그렇지만 참여연대에 있을 때
도 좌파는 아니었어요. 사실 소액주주운동 하시던 분들 중에는 저보
다 더한 우파도 있었지만 이 일은 개인 성향에 상관없이 '재벌의 지배
구조를 개혁하자'라는 신념으로 시작한 거였거든요. 그런데 나중에 참
여연대를 그만두고 보니 다른 분들은 대부분 좌파 성향을 갖고 있으시
더라고요.

박종진 참여연대는 왜 그만뒀습니까?

강용석 환멸을 좀 느꼈다고나 할까요? 그 안에서 5년 가까이 행동대장 비슷한 일을 했습니다. 삼성 공격 하라면 하고, 소송 내라면 내고. 삼성생명 주식 문제*로 소송을 처음 냈는데 그것 때문에 삼성이 10년간 고생했다고 하더라고요.

박종진 지금도 고생하고 있지 않습니까?

강용석 이제는 해결됐을 겁니다. 삼성생명이 상장됐으니까요. 여하튼 궂은일은 전부 저 시켜놓고 박원순 이런 분들은 뒤에 있고. 그래서 안 되겠다 싶어서 나온 거죠.

박종진 원래 조폭세계에서도 행동대장은 앞에 나서고 보스는 뒤에서 이것저것 챙기잖아요. 강 의원 본인은 행동대장을 해서 박살 난거죠. 그 뒤 '삼성으로부터 미운털 박혔다', 이런 소문도 있지 않았습니까?

강용석 그렇게 말씀해주시는 거는 좋은데 제가 이야기하면 또 추잡스러워지니까.

박종진 연세대 학생들하고 저녁 식사 하는 자리에서 나온 아나운서 성희롱 발언으로 당에서 쫓겨나지 않았습니까?

---

* 2000년 8월 즈음에 재벌, 대주주 등에 대한 소액주주권리 찾기 움직임이 활발했다. 그 중심에는 당시 강용석이 몸담은 참여연대에서 활동하던 변호사를 중심으로 만든 한누리법무법인이 있었다. 앞서 삼성그룹은 1999년 8월 삼성자동차 문제 해결을 위해 이건희 회장이 삼성생명 주식 400만 주를 출연했을 때 주가가 70만원에 미달할 경우 삼성 계열사가 부족분을 책임지겠다고 발표했다. 이에 한누리법무법인은 "부족분은 삼성 계열사가 아니라 이건희 회장이 책임져야 한다"며 삼성전자 이사들을 상대로 이사회 결의가 위법하다는 내용의 소송 방침을 밝혔다.

강용석　네.

박종진　그런데 그날 일을 톱기사로 보도한 데가 삼성하고 관련 있는 언론사*다 보니 이게 관련이 좀 있지 않나, 당시에 그런 소문이 있었어요. 강 의원은 그에 대한 의혹을 갖고 있었습니까?

강용석　아니, 그러니까 의혹 수준인 거죠, 뭐. 오얏나무 아래서 갓끈 고쳐 매지 마라, 그런 것처럼.

수줍고 겸손한 A형?
어른 말 안 듣는 똘아이!

박종진　'강용석은 똘아이다', 이런 이야기 들어도 이상하지 않죠?

강용석　'똘아이 짓' 하니까 '똘아이'라고 하시는 거겠죠.

박종진　그런데 '똘아이'가 무슨 뜻인지는 아세요? 제가 강 의원이 나온다고 해서 일부러 국어사전을 찾아봤는데 그렇게 나쁜 뜻은 아니더라고요. 어른 말 듣지 않고 제멋대로 노는 아이를 '똘아이'라고 한다네요.

강용석　딱 저네요.

박종진　정확히 맞죠? 기분 나빠 하지 마세요. 그동안 '안철수 저격

---

* 2010년 7월 20일 중앙일보는 강용석이 제2회 국회의장배 전국대학생토론대회에 참석한 연세대 소속 20여 명의 남녀 대학생들과 저녁식사를 하며 성적 수치심을 유발하는 언행을 했다고 보도했다. 당시 주요 발언은 이랬다. "(아나운서 되려면) 다 줄 생각을 해야 하는데 그래도 하겠냐?" 이 발언으로 강용석은 한나라당에서 제명됐다.

수'로도 많이 활동하셨는데, 앞으로도 하실 거죠?

강용석 계속해야죠. 자빠뜨릴 때까지는 해야 되겠죠. 벌써 고발*하고 왔는데요.

박종진 벌써요? 뭘로 고발하셨습니까?

강용석 이촌동에 재건축 로열칩으로 불리는 아주 유명한 아파트가 있는데 안 원장 부부가 이를 장모 명의로 사놓으셨어요, 2000년에. 그런데 그 장모가 1988년에 미국으로 이민을 가면서 한국의 주민등록이 말소됐는데 장모 명의로 아파트를 산 거죠. 구입할 당시엔 5억이 좀 안 됐을 텐데, 지금은 15억 가까이 나가니 알토란같이 챙긴 거죠.

박종진 미국으로 이민 갔다 해도 한국의 아파트는 살 수 있는 거 아닌가요?

강용석 국내 주민등록이 말소됐다는 건 다른 나라로 이민을 가서 그 나라의 영주권을 취득했다는 거거든요. 물론 아파트를 살 수는 있습니다. 그런데 이분이 1988년부터 2000년 3월까지는 한국에 재산이 전혀 없다가 2000년 4월부터 지금까지 딱 이 아파트 하나입니다. 그건 좀 이상한 거죠.

박종진 강 의원을 '똘아이'라고도 하지만 사실은 소신도 있고요. 그래서 나름 팬들도 많이 있거든요. 오늘 방송을 시작하기 전에 잠깐 인사를 할 때 보니까 굉장히 겸손하고 수줍어한다는 인상을 받았습니

---

* 2011년 12월 27일 강용석은 안철수 서울대 융합과학기술대학원 원장의 장모 명의로 되어 있는 용산의 H아파트에 대해 부동산 투기 의혹을 제기했다. 그는 이날 기자회견에서 "2011년 6월부터 4개월간 H아파트에 실제로 거주하지 않으면서도 주민등록을 해놓은 혐의로 안철수 원장과 부인 김미경 서울대 교수를 서울 서부지검에 고발했다"라고 밝혔다.

다. 맞나요?

강용석   네, 뭐 그렇다고…….

박종진   혹시 A형이십니까?

강용석   네, 맞습니다.

박종진   우리가 TV 화면에서 보던 거랑은 전혀 다른데……. 어떻게 정치를 하게 됐습니까?

강용석   제가 법대에 들어가면서부터 공직에 대한 꿈을 품었는데 판사 지망을 했다가 아버지 문제*로 탈락됐어요. 그다음부터는 '임명직은 불가능하겠구나. 선출직으로 가야 되겠다'라고 생각해서 정계 쪽으로 오려고 커리어 관리를 한 거죠.

박종진   정치를 하려면 철학이 있어야 되지 않습니까? 강 의원은 어떤 정치 철학을 갖고 있습니까?

강용석   아까도 말씀드렸지만 지금 저는 극우보수의 아이콘이 돼 있습니다만, 우리나라처럼 분단된 상황에서 섣불리 좌파 흉내를 내는 것은 굉장히 위험하다고 생각합니다. 세계에서 가장 호전적인 집단이 바로 우리 머리 위에 있는데 맹목적으로 그들을 추종하거나 그쪽을 기웃거리는 건 정말 위험한 일입니다. 통일해서 어느 정도 갖추기 전까지는 체제 및 이념에 대한 확고한 소신과 자세가 필요하다고 보는 입

---

* 강용석의 아버지는 교도소를 밥 먹듯이 드나들었다고 한다. 아버지의 부재로 가난한 학창 시절을 보낸 강용석은 경기고 3학년 때 MBC 〈장학퀴즈〉에 나가 장원을 했고, 그때 받은 장학금으로 서울대 법대에 등록했다. 대학 3학년이던 1991년 사법시험에 합격, 공군 법무관을 마치고 예편한 뒤 판사가 되고자 했으나 사법연수원 성적이 우수한데도 뜻을 이루지 못했다. 당시 목포 교도소에 수감돼 있던 아버지가 발목을 잡은 것이다. 교도소에서 이 이야기를 들은 아버지는 결국 1년 뒤 돌아가셨다고 한다.

장입니다.

박종진　그걸 정치 철학이라고 하기에는 좀 그렇죠. 그런데 '극우'라는 단어는 안 좋은 말인데요. 그냥 '보수'라고 해도 되지 않습니까? 아니면 '중도보수', 이러면 되지 않을까요?

강용석　중도보수 한다면서 자꾸 이쪽저쪽으로 왔다 갔다 하시는 분들이 많다 보니 저는 저의 색깔을 강조하기 위해 극우보수로……. 제가 이제부터 극우라는 말을 세련되고 멋지게 만들어보겠습니다.

안철수·박원순 저격수가 된 이유

박종진　한나라당이 '차떼기당' 소리를 듣고 있을 때 입당하셨죠? 왜 들어갔나요?

강용석　제가 '이념'이라는 표현을 썼지만 이념이라는 게 기본적으로 성향인 것 같습니다. 저는 보수적인 성향을 타고난 것 같아요. 체제를 깨부수거나 혁명한다, 이런 건 체질적으로 안 맞아요. 제가 보수이기는 한데 또 약간 튀는 기질이 있지 않습니까? 그러니까 야당 성향도 있는 거죠. 보수야당 하면 제대로 할 것 같더라고요. 그때는 한나라당이 보수야당이었습니다.

박종진　아, 그래서 들어간 거군요.

강용석　그런데 집권을 하고 나니까 영 재미가 없더라고요.

박종진　그러니까요. 제가 봐도 그렇더라고요. 강 의원은 야당 가면 정말 잘할 것 같은 사람이에요. 나이도 젊지 않습니까? 서른넷에 첫 번째 공천을 받았죠?

강용석　네.

박종진　그런데 그때 그렇게 공천받고 나서 떨어졌죠? 얼떨떨했겠어요. 어땠습니까? 돈도 많이 썼겠네요.

강용석　아니요, 그때는 뭐. 제가 처음에는 공천을 못 받았는데 나중에 공천받은 분이 반납하는 바람에. 말하자면 주워 먹은 거죠. 선거 17일 전에 공천받은 거라서 돈을 쓰려야 쓸 수도 없었고, 시간도 없었어요.

박종진　아까도 잠깐 언급했지만 안 원장을 고발하고 왔잖아요. 박원순 시장한테도 쓴소리 엄청 해대고. 그런데 깨끗하지 못한 정치인들은 한나라당에 더 많이 있지 않습니까? 그 사람들에게도 과감하게 이야기를 해줘야 되는 거 아닙니까?

강용석　지금은 안철수, 박원순 상대하는 것만으로도 제 역량이 부족합니다. 그런데 왜 다른 사람들은 안 하냐고 하시면……. 일단 이분들부터 좀 해놓고 어느 정도 가시적인 성과가 나오면 순서 봐가면서 다 할 겁니다.

박종진　홍준표 전 한나라당 대표가 검사 시절 선배 검사들을 다 날리지 않았습니까? 그래서 스타가 됐는데……. 강 의원도 국가를 위해 여야 가리지 말고 더러운 정치인들을 제거해야 되는 거 아닙니까?

강용석　나름대로의 원칙이 있어요. 일단 센 놈하고 붙자, 라는 건데 생각보다 그런 사람이 흔치가 않아요. 사실 더럽다고 하는 정치인들은 생각만큼 세지 않기 때문에. 지금으로선 저한테 가장 적합한 상대가 안철수, 박원순 정도라고 보는 겁니다.

박종진　국회의원을 모욕했다고 개그맨 최효종 씨를 고소한 것은 집단명예훼손죄의 불합리성을 주장하기 위해서였다고 다른 방송에서 이미 이야기했기 때문에 따로 질문은 드리지 않겠습니다. 그런데 왜 고소를 취하*했습니까?

강용석　제가 원래 바라던 목표를 다 달성했기 때문입니다. 아나운서들이 제기했던 민사소송이 기각됐거든요.

박종진　최효종 씨한테 미안하다고 했습니까?

강용석　전화해서 미안하다고도 했어요. 최효종 씨도 사과를 흔쾌히 받아들였고요.

박종진　혹시 자녀분이 어떻게 되세요?

강용석　아들만 셋 있습니다.

박종진　아들만 셋?

강용석　네.

박종진　부인께 잘해주셔야 되겠어요.

강용석　네, 그렇지 않아도 참 힘들어합니다.

박종진　아들이 〈개그콘서트〉 보고 충격을 받아서 "고소한 거 빨리 취하하세요"라고 했다는 소문도 돌던데 사실입니까?

강용석　아닙니다. 가족들은 그 전에 제가 고소취하를 할 것을 알고

* 강용석은 2011년 11월 28일 개그맨 최효종에 대한 고소를 취하했다. 최효종은 같은 달 방송된 KBS-2TV 〈개그콘서트〉에서 "국회의원이 되기 위해서는 선거 유세 때 평소 잘 안 가던 시장을 돌아다니면서 할머니들과 악수만 해주면 되고 평소 먹지 않았던 국밥을 한 번에 먹으면 된다. 약점을 개처럼 물고 늘어지면 된다" 등의 발언을 해 국회의원 집단 모독죄로 고소당했었다.

있었어요. 그런데 〈개그콘서트〉 녹화는 이미 끝났다고 하니까 이거 방송되기 전에 취하하면 김이 확 새잖아요. 그래서 '강용석 특집'이라니까 즐겁게 보자고 했죠. 어차피 취하할 생각이었기 때문에 굉장히 편하게 봤습니다.

박종진　그런데 소를 제기하는 거요, 좋아하면 안 됩니다. 상대방이 괴로운 거 아세요?

강용석　그러니까요. 고소당하는 심정이 괴롭다는 걸 알기 때문에 아주 효과적인 방법입니다.

박종진　그래도요. 사람 가슴에 못 박고 이런 거는 하지 않으면 좋잖아요.

강용석　저는 주로 센 사람만 상대합니다. 국회의원 중에는 국회에서 최루탄 터뜨리는 분도 있고, 농성·시위를 전문으로 하는 분도 있는데 저는 이게 제일 잘하는 거니까요.

박종진　하여튼 소가 난무하는 세상, 바람직하지 않습니다. 합의하고 용서하고, 이게 좋죠.

강용석　저도 그 합의점을, 이를테면 안 원장이 지금이라도 대선에 불출마한다고 선언하면 고발한 거 다 취하할 생각입니다.

박종진　그런데 안 원장이 그렇게 나쁜 사람입니까? 제가 볼 때는 다른 정치인에 비해 깨끗한 이미지를 갖고 있기 때문에 범야권의 유력한 대선 후보로 주목받는 거 아니겠습니까?

강용석　제가 파보니까요, 좀 양파 같은 면이 있어요. 뭐가 자꾸 나오는데 반응은 없어서. 샌드백 같아요. 하여간 좀 더 기다려보세요. 뭔가 더 있습니다.

박종진   박근혜 한나라당 비상대책위원장에 대해서도 평가를 좀 해주세요.

강용석   애국심이라든지 이런 원칙 같은 부분에서는 오랫동안 쌓아온 이미지가 있으니까 좋은데, '콘텐츠에 문제가 있는 게 아니냐'라는 생각이 듭니다. 대통령 하시겠다는 분인데, '어떤 대한민국을 만들겠다'라는 게 명확하게 보이지 않아요. 한마디로 말하면 '비전이 좀 약하다'라고나 할까요?

박종진   콘텐츠가 없다! 그리고 비전이 뭔지 확실히 안 보인다는 거죠?

강용석   종합편성채널(종편) 네 곳에 다 나오셔서 한 시간씩 인터뷰를 하셨잖아요. 그 방송을 전부 봤는데 보고 나서 머리에 남는 게 하나도 없더라고요. 그리고 보는 내내 굉장히 조마조마했어요. 마치 누가 써준 원고 읽는 것 같은 느낌도 들고……. 그래서 이제는 본인만의 콘텐츠를 확실하게 보강하지 않으면 좀 문제가 있는 거 아닌가, 하는 거죠. 2007년에도 똑같은 지적을 받았는데 5년이 지난 지금까지도 별로 달라진 게 없다는 느낌입니다.

박종진   계속 국회의원 하실 겁니까?

강용석   네, 그럼요. 저는 이거 직업으로 선택한 겁니다.

박종진   이번 19대 국회의원 선거에는 당선 안 될 거 알고도 나오시는 거죠?

강용석   글쎄요. 서울 48개 지역 국회의원 중 구로을의 박영선 의원을 제외하고는 한나라당, 민주당 통틀어 당선을 자신하는 분이 거의 없을 것 같은데요. 일단 한나라당 의원들은 다 불안할 테고. 수치상으로도 근거가 있긴 하지만 어떤 상황이 펼쳐지더라도 저희 지역구 선거는 '강용석이냐, 아니냐'로 귀결될 거 같거든요.

박종진　제 느낌엔 떨어질 것 같아요. 그리고 대부분의 사람들도 그렇게 생각하고 있지 않을까요?

강용석　지금은 다들 그렇게 생각하시겠죠. 하지만 결과가 설명할 겁니다.

박종진　저 역시 좋아해주시는 팬들도 있지만 안티 팬들이 더 많아요. 그래서 이 방송의 시청률이 높은 거예요(웃음).

강용석　그렇죠.

박종진　안티 팬들이 "저 **가 무슨 실수 안 하나?" 하며 방송을 계속 지켜보거든요.

강용석　이럴 때 사이렌에 빨간불 안 들어옵니까?(방송에 적합하지 않은 내용이 나올 때는 사이렌이 울리며 빨간불이 들어온다)

박종진　그래서 시청률이 높다니까요. 그런데 지금 강 의원이 정치인 검색어 1위 아닙니까?

강용석　그렇더라고요. 정치인 중에서는 압도적으로.

박종진　그게 왜냐하면 안티 팬들이 많아서 그런 거예요. 물론 열혈 팬들도 있겠지만. 국회의원 선거에 떨어지면 뭐 먹고사실 겁니까? 변호사는 계속하셔야죠?

강용석　한두 번만 더 불러주시면 제가 확실하게 대답하겠습니다.

박종진　출연료는 제가 많이 챙겨드리도록 하겠습니다.

MB의 가장 큰 문제는
정치를 멀리한 것

박종진　문재인 노무현재단 이사장에 대해서도 비판하셨죠? 제가 청와대 출입기자 시절 봤는데 흠결이 없는 분이세요.

강용석　우린 정치인을 뽑는 거지, 성직자를 뽑는 게 아니잖아요? '깨끗하다, 흠결이 없다'라는 게 개인으로서는 큰 장점일 수는 있는데 정치는 그것만 갖고 되는 게 아니거든요. 이분도 콘텐츠에 약간 문제가 있어요. 어쩐지 저승하고 이승을 연결하는 메신저, 영매 같은 느낌입니다. 고명대신(顧命大臣, 국왕의 임종 시 유언을 받드는 대신으로 나라의 뒷일을 부탁받는 신하-주) 같은 이미지도 있고요. 그런데 본인의 색채라든지 콘텐츠가 없어요. 어느 정도의 인기는 누구에게 의존해서 얻을 수 있을지 모르겠지만 '독자적으로 집권한다'라는 것은 상상하기 어려울 것 같습니다.

박종진　노무현 전 대통령의 영혼이 깃들어 있다, 그런 느낌이 좀 있지 않습니까?

강용석　그러니까 그게 한계예요. 본인의 것이 있어야죠.

박종진　유시민 통합진보당 공동대표의 경우 '옳은 말을 저렇게 얄밉게 할 수 있을까?'라는 게 정치평론가들의 공통된 의견인데요. 유대표에 대해선 어떤 생각을 갖고 있으신가요?

강용석　대한민국에서 거의 유일하게 '책을 직접 쓰는' 정치인이 아닌가요? 언젠가 한 번 (대권) 기회가 올 것 같은 느낌도 있습니다.

박종진　아, 그렇습니까?

강용석   네. 술에 술 탄 듯 물에 물 탄 듯 하는 정치인은 기회가 오지 않을 거라고 생각합니다. 그런 면에서 자기만의 분명한 색깔을 가진 유 대표를 높게 평가하는 편입니다. 개인적으로는 살이 좀 쪘으면 좋 겠다고 생각합니다(웃음).

박종진   17대 대선 당시 이명박 후보의 중앙선대위 법률지원팀장이 었죠? 어떻게 들어가게 된 겁니까?

강용석   2004년 선거에서 떨어져서 춥고 배고픈 야당 원외위원장을 하고 있었는데, 당시 서울시장이던 MB가 한 달에 한 번씩 불러 밥도 사주고 재미있는 이야기도 해주고 그러셨어요. 그렇게 인연이 얽히다 보니 지방선거 치르고 이러는 과정에서 맡게 된 거죠.

박종진   이명박 서울시장이 놀고 있는 강 의원을 아무 이유도 없이 불렀다?

강용석   본인이 대통령 나가려고 하시니까 원외위원장들 다 부른 거 죠. 물론 저만 부른 건 아니고요, 한 번에 30~40명씩.

박종진   지금까지의 이명박 정부를 평가한다면?

강용석   '경제 대통령'으로 당선되신 거잖아요. 경제를 살릴 것이라 는 기대를 국민들이 했는데, 지금 체감경기가 꽹장히 안 좋지 않습니 까? 수치상으로는 괜찮은 것 같지만……. 그러니까 인기가 없는 건 당 연하다고 봅니다. 또 이분의 제일 큰 문제가 '정치를 제대로 안 했다'라 는 겁니다. 본인이 비정치인 출신으로 당선이 돼서 그런지 정치를 너 무 멀리하고 '행정 일만 하겠다'라고 하시니까……. 그런 면에서 좀 문 제가 있지 않았나, 생각합니다.

박종진   지금은 하여튼 실패로 결론을 내리셨네요?

강용석　임기가 아직 남았으니까 실패라고 단정 짓기는 좀 그렇지만 요.

박종진　얼마 전 한 시민이 차량을 몰고 중국대사관으로 돌진하지 않았습니까? 그 사건을 무료 변론* 하겠다고 하셨는데, 특별한 이유라도 있습니까?

강용석　그 일이 있던 날 제가 중국대사관 앞에서 1인 시위를 하고 있었어요. 그런데 갑자기 제 옆 10m쯤 되는 곳으로 차가 달려오더니 서 있던 경찰 버스를 '빵' 하고 들이받아서 깜짝 놀랐어요. 결국 이분이 차에서 끌려 나와 경찰들한테 연행되는 모습을 보니 안타깝더라고요. 다 애국심에서 한 행동인데. 변론을 제대로 못 하면 크게 처벌받겠구나 싶어서 1인 시위를 끝내자마자 종로경찰서 가서 돕겠다고 했죠.

박종진　경기고, 서울법대, 하버드대 법과대학원 출신이죠? 하버드대 법과대학원은 1년 과정을 다녔다고 밝히셨던데 솔직히 말해 폼으로 다닌 거 아닙니까?

강용석　하버드대 법과대학원은 3년 과정과 1년 과정이 있는데, 3년 과정은 대부분 미국 사람들이 다니기 때문에 한국 사람들은 교포를 제외하고 거의 없습니다.

박종진　1년 만에 석사학위를 딸 수 있습니까? 영어 못하시잖아요?

---

* 강용석은 중국 어선의 불법조업으로 한국 해경이 사망한 사건에 대한 항의의 뜻으로 2011년 12월 13일 주한 중국대사관 앞에서 1인 시위를 했다. 이때 한 남성이 차량을 몰고 대사관으로 돌진하는 일이 벌어졌다. 인천에서 유통업을 하는 30대 원 모 씨로 알려진 이 남성은 "해경이 부당하게 사망한 사건을 전 세계에 알리고 싶다"라며 자신의 승용차를 몰고 대사관으로 돌진하다 대사관 입구 앞 경찰 버스 옆을 들이받고 멈춰 섰다.

강용석　사실 법과대학원 1년 과정은 친미파 양성을 위한 것 정도로 보면 됩니다. 전 세계 변호사들을 데려다가 1년 만에 석사학위 주고 미국 변호사 시험 보게 하고……. 미국 내 20개 대학 정도에 이런 과정이 있을 겁니다. 저 같은 경우에는 집사람이랑 애들까지 데리고 갔으니. 그리고 나이가 들어 가니까 미국 애들이 상대를 해줘야 말이죠. 거기서도 한국 사람들하고만 놀고 수업만 겨우 듣고 그러다 보니 영어 실력이 오히려 줄더라고요.

박종진　후배들한테 추천해주고 싶습니까?

강용석　브랜드는 확실히 있으니까요. 가기 전과 후의 대접이 많이 다르더라고요. 그런 면에서는 괜찮은데, 투자 대비 효과가 어느 정도 있는지는 잘 모르겠습니다.

박종진　경기고도 브랜드 때문에 간 겁니까? 아니면 거기는 '뺑뺑이'입니까?

강용석　거기는 '뺑뺑이'로 들어갔습니다.

박종진　그 동네, 비싼 곳 아닙니까? 가난하게 살았다고 들었는데요.

강용석　제 어머니가 당시 8학군이 좋다고 억지로 데려가는 바람에 어린 마음에 상처를 많이 받았습니다. 강남이라고 다 잘사는 건 아니고 반지하에 사는 사람도 있고 그렇잖아요.

박종진　아, 강남의 반지하에 사셨군요? 경기고 다니려고. 그놈의 브랜드 때문에.

강용석　참 힘들었습니다, 고등학교 다닐 때는. 반 아이들은 대부분 압구정동 현대아파트 같은 데 사는데 저는 반지하에 사니까.

박종진　꿈 이야기 좀 해주시겠습니까?

강용석　단기적으로는 19대 국회의원.

박종진　제가 아까 안 된다고 했잖아요. 떨어진다 생각하고 그다음 꿈은요?

강용석　저는 됩니다.

박종진　아, 된다고 생각하십니까? 알겠습니다. 마지막으로 이 말은 하고 싶었다, 라는 것 있으면 해주세요.

강용석　팟캐스트 방송 '나는 꼼수다'가 핫이슈가 된 게 그동안 지루하고 그들만의 리그처럼 펼쳐졌던 정치를 국민들이 아주 가깝게 느낄 수 있게 해준 것 때문이 아니었나 싶은데요. 저도 많이 반성했습니다. 정치가 많은 걸 결정하잖아요. 그런 걸 국민들이 직접 피부로 느낄 수 있도록 하는 정치인이 돼야겠다고 생각했습니다.

박종진　정치인들, 아무리 그래도 국민들이나 나라를 위한 생각은 있겠죠?

강용석　매번 말로만 국민들 위한다고 하니까 국민들이 지겨워하는 거예요. 거짓말이라고.

박종진　정치인들이 자꾸 추상적이고 부풀려진 이야기만 하니까요. 앞으로는 솔직하고 잘못했을 때는 사과할 줄도 아는 멋진 국회의원 되시고요. 19대 총선은 떨어지겠지만…….

강용석　꼭 당선돼서 4월에 또 나오겠습니다. 재선 국회의원으로.

박종진　제비꽃은 진달래꽃을 부러워하지 않고 진달래꽃은 장미를 부러워하지 않는다고 합니다. 제비꽃은 제비꽃대로, 진달래꽃은 진달래꽃대로, 모든 꽃들은 그 모습 그대로 아름답습니다. 마찬가지로 모든 인생들도 그 모습 그대로가 가장 아름답다는 사실, 꼭 기억하시길 바랍니다.

　　재선을 자신하며 지난 4·11총선에서 트위터 등 소셜네트워크
서비스(SNS)를 적극 활용하며 표심 모으기에 나섰던 강용석은 4.35%란
저조한 득표율을 기록하며 재선에 실패했다. 이후 그는 선거자금 마련을
위해 모금했던 '강용석 펀드' 자금을 갚기 위해 변호사 활동에 매진했다.
그리고 지난 6월에는 '고소·고발의 아이콘'이라는 자신의 이미지를 살려
TV조선의 시사고발 프로그램 '강용석의 두려운 진실'의 진행자로도 변신
했다.

내가 만난
강용석

방송 출연 이후 강용석 의원과 만나 소주잔을 기울였다. 생방송에서
나는 그가 재선에서 당연히 떨어진다고, 그는 확실히 붙는다고
주장한 것이 '유튜브'에서 화제가 되기도 했었다. 그때 누구 말이 맞는지
4·11총선이 끝난 뒤 틀린 사람이 한턱내기로 한 것으로 기억한다.
방송에서 강 의원을 '똘아이'라고 소개했고 그 또한 '똘아이'임을
인정했지만 그는 결코 '똘아이'가 아니었다.
"왜 정치를 하느냐?"라는 질문에 "유명해지고 싶다"라고 솔직하게
대답했다. 국민을 위해 혹은 나라를 위해 같은 거창한 대답이
아니어서 좋았다.
정치인들을 만나보면 겉만 번지르르한 이야기를 늘어놓곤 하는데
대부분 알맹이는 없고 추상적인 내용이 많은 게 사실이다.
그는 솔직하고 똑똑하고 정상적인 사람이었다. 자신의 부모에 대해서도
미화하지 않았다. 모든 이야기가 진실되게 느껴졌다.
아나운서 성희롱 발언으로 마음고생을 한 탓인지 신중한 태도로 말을
아꼈다. 술을 먹는 자세가 반듯했고 흐트러짐이 없었다.
나는 그의 사랑하는 아내와 세 아들의 이야기를 들으면서 미소를
지었다. 그가 1차 저녁식사비를 냈고 나는 포장마차에서 2차 소주
값을 냈다.
나는 강 의원에게 내 프로그램에 평론가로 나와줄 것을 요청했지만
이미 더 좋은 조건으로 진행자 제의를 받고 고민 중이라고 했다.
그는 결국 다른 종편 채널에서 본인의 이름을 건 프로그램을 맡았다.

이준석

"

대선 후보라면
국민적 의혹은
반드시
풀고 가야

"

대선이 다가오는 상황에서 국민적인 의혹이 있다면

그게 누구든 당연히 풀고 가야 하는 것 아닌가요?

대통령 선거는 우리나라를 5년간 다스릴 지도자를 뽑는 일인데.

한 점 의혹이 있어서도 안 되고

그런 부분을 안고 선거를 치를 수도 없습니다.

당 대표 시절과 달리 대선 후보가 되면 국민들이

더 엄격한 기준을 요구할 수도 있습니다.

그리고 그것은 박근혜 비대위원장께서 누구보다 더

잘 알고 계십니다.

이준석은 서울과학고, 카이스트, 하버드대 졸업의 화려한 이력을 자랑하며
교육벤처 '클라세스튜디오'를 이끌고 있다. 그리고 2011년 12월 27일에는
한나라당 비상대책위원회 최연소 비대위원으로 선임됐다.
그는 "처음엔 정중히 거절했지만 박근혜 비상대책위원장이 직접 연락해왔다"라며
"청년층 문제와 관련해 기대를 많이 하고 있는 것 같았다"라고 수락 이유를 설명했다.
이준석은 2007년 5월부터 저소득층 학생들을 대상으로 무료 과외를 해주는
대학생 봉사단체 '배움을 나누는 사람들(배나사)'에서 활동하며
박 비대위원장과 인연을 맺었다.

_2012년 1월 2일 방송

박종진   정확히 몇 년생입니까?

이준석   1985년생입니다.

박종진   85년생!(웃음) 이야~ 한나라당 비상대책위원회* 최연소 비

대위원이 됐을 때 기분이 어땠어요?

이준석   솔직히 처음에는 '비대위원'이라는 것 자체가 무엇인지 잘

*한나라당 비상대책위원회는 '전당대회 돈봉투 살포 사건', '선거관리위원회 홈페이지 디도
스 공격 사태' 등으로 위기에 빠진 당을 구하기 위해 2011년 12월 14일 쇄신파 의원들이 요구
한 것을 박근혜 전 대표가 전격 수용하면서 탄생했다. 이어 12월 19일 발족한 비대위는 같은
달 27일 비대위원 명단을 발표하고 활동에 들어갔다. 비대위는 인적·정책 쇄신을 통해 당
지지율 반전에 기여했다는 평을 받았다. 하지만 당원 가입도 하지 않은 '손님' 격인 외부 비대
위원들에 의해 당의 주인인 당원들이 휘둘리는 모양새가 됐다는 불만도 적지 않았다.

몰랐습니다. 설명을 듣고 나서 정책이나 이런 쪽으로 제 의견을 낼 수 있겠구나, 해서 참여하게 됐습니다.

박종진 스물여섯 살의 아까운 청년! 아까운 청년이 아니라 미래가 밝은 청년인데 학력 논란*이다 뭐다 해서 심사가 별로 안 좋죠? 스트레스 좀 많이 받죠? 여기저기에서 이준석 비대위원의 신경을 거스르는 이야기들을 많이 하고 있지 않습니까?

이준석 지금까지 제가 살아온 과정 중에서 겉으로 드러난 부분들, 예를 들어 학력이나 병역 같은 것들이 일반적인 것과 다르다 보니 국민들이 공감하지 못할 수도 있고 그런 점에서 의혹을 가질 수도 있다고 생각합니다. 이제는 제 검증 과정에 대해 유연하게 대처하고 있기 때문에 조금씩 편해지고 있습니다.

박종진 카이스트는 얼마나 다녔죠?

이준석 카이스트 3주! 미국 대학은 9월 학기제고 한국은 3월 학기제여서 하버드대 합격 발표가 나기 전에 3주 정도 다녔습니다.

박종진 3주 다니다가 하버드대로 간 겁니까?

이준석 네, 그래서 전 카이스트에 다닌 걸 내세운 적도, 자랑해본 적도 없는데요. 어느 언론사가 찾아내서 기사를 만들다 보니…….

박종진 3주 다녔으면 수업은 거의 못 들으셨겠네요? 그럼 그냥 카이스트는 학력에서 뺍시다. 3주인데. 그렇죠?

---

* 한나라당 비상대책위원회 최연소 비대위원으로 선정돼 세간의 주목을 받은 이준석은 학력 논란에 시달렸다. 그는 2012년 1월 5일 MBC〈주병진 토크 콘서트〉에서 "2003년 2월 서울과학고를 조기 졸업하고 그해 3월 카이스트에 입학했지만 하버드대에 합격하게 됐다"라고 밝히고 "그래서 3주 뒤 카이스트를 자퇴하고 같은 해 9월 하버드대에 입학해 2007년 6월 졸업했다"라며 하버드대 학생증을 꺼내 보이기도 했다.

이준석　빼야죠. 당연히. 제가 카이스트분들에게 얼마나 죄송하겠어요.

박종진　그렇죠. 카이스트에 계신 분들이 화낼 수 있어요. 겨우 3주 다녔는데 그걸 학력에 넣으면.

이준석　저 역시 딱히 그 학력이 필요한 것 같지는 않습니다.

박종진　하버드대 경제학과에 다닌 건가요?

이준석　컴퓨터과학과입니다. 경제학과는 복수전공을 했기 때문에.

박종진　강용석 의원이, 이분은 법과대학원입니다만, 같은 하버드대 출신이라며 선후배라고 하면 기분 안 나쁘세요? 원래 학부에서는 대학원을 인정 안 한다면서요? 강 의원이 여기 와서 직접 한 이야기예요.

이준석　기분이 좋고 나쁘고를 떠나 제가 그동안 동문회에 별로 안 나갔어요.

박종진　강용석 의원이 자신의 트위터에 '이준석 비대위원, 고2 때 카이스트 진학하고 3학년 때 하버드대 4학년으로 편입해서 1년 만에 졸업해야 2007년 11월에 공익요원 가능? 거의 타블로 수준인데……' 라고 올려 이 위원의 학력뿐 아니라 병역에 대한 의혹도 제기했어요.

이준석　강용석 의원님도 저를 검증하시겠다는 의도로 의혹을 제기하신 거라 제가 응할 수 있는 부분에 대해서는 성실하게 대답하는데, 가끔 가다 보면…… 저도 20대이기 때문에…….

박종진　화가 나죠?

이준석　'헉! 이런 걸 왜 나한테 묻는 거지?' 하면서 약간 욱하는 경우도 있긴 합니다. 그런데 사실 아무도 관심없는 이야기인데 그걸 계속해서 문제 제기를 하시니까 사람들이 뭔가 의혹이 있는 것처럼 오해하게 된 거거든요.

박종진　　그렇다면 이 자리에서 해명을 하시죠.

이준석　　과학고는 2학년 때 조기졸업을 할 수 있어요. 그러면 남들보다 1년 빨리 대학에 갈 수 있는 거고요. 아까 말씀드린 카이스트는 겨우 3주 다닌 거라 아예 안 다닌 거라고 보면 되고요. 하버드대 4년 다니고 한국에 와서 3년 6개월 동안 산업기능 요원으로 근무했습니다. 원래 병무 기간은 2년 10개월이지만. 그래서 2010년 9월에 복무가 끝나고 2011년 1월에 회사를 창업한 거거든요. 그렇게 계산해보면 문제가 없는데, 강 의원님이 너무 의욕적으로 하시려다 보니까.

박종진　　그럼 강 의원이 제기한 의혹은 숫자상의 문제라는 거죠?

이준석　　제가 발표한 자료에는 문제가 없는데, 강 의원님이 제 이력을 짜 맞추다가 안 맞는 숫자를 만드셨어요.

박종진　　산업기능 요원으로 군복무를 대체하는 건 합법적이죠?

이준석　　당연하죠. 전문 인력이 부족한 중소기업(방위산업체)에서 산업기능 요원으로 복무하면 병무를 대체할 수 있습니다. 제가 현역복무를 선택하지 않은 것에 대해 의문을 제기하시는 분들이 많으신데 당시에는 정치에 참여할 뜻이 없었기 때문에……. 만약 정치를 할 생각이 있었다면 (경력 관리 차원에서) 다른 사람들처럼 장교복무를 한다든가, 선택의 길이 꽤 있었거든요.

박종진　　이런 이야기도 했어요. "두렵지도 않고 파헤쳐질 의혹도 없다"라고요. 하긴 이제 스물여섯인데 무슨 의혹이 있겠습니까?

이준석　　그렇죠. 제가 마흔이나 쉰쯤 됐으면 의혹이 있을 수도 있겠지만요. 학력이나 병역 문제로 계속 검증받을 이유는 없다고 생각합니다.

박종진 대부분의 사람들은 나이를 한 살 한 살 먹을수록 죄가 더 늘어납니다. 그래서 나이 많으신 분이 죄가 많을 수밖에 없어요. 갓난아이가 무슨 죄가 있겠어요, 그렇죠? 그에 비하면 이 비대위원의 죄가 훨씬 많습니다, 아닌가요?

이준석 네(웃음). 그렇습니다.

내가 들러리면
전여옥 의원은 변절자

박종진 '나꼼수' 진행자인 김어준 딴지일보 총수에게 디도스 검찰수사 국민검증위원회 영입을 요청했다가 거절*당했는데 기분이 어떻습니까?

이준석 '나꼼수'에 출연하시는 분들이 합리적인 의혹을 많이 제기해주고 있으세요. 국민들이 이런 의혹들을 제대로 검증해줬으면 하는

---

* 이준석은 김어준 총수에게 선관위 디도스 공격 사태를 함께 검증해보자고 제안했다가 거절당한 즈음, 김 총수는 주고받은 문자메시지의 전후 사정을 지난해 12월 29일 공개했다. 그는 한겨레 하니TV의 〈김어준의 뉴욕타임스〉 녹화 현장에서 자신이 한나라당 비대위의 제안을 거절했다는 기사가 난 것을 보고 뒤늦게 이 씨가 비대위원임을 알았다고 했다. 김 총수는 "그래서 문자메시지를 다시 보냈다"라며 '비대위원이었군. 자기소개부터 하셨어야지. 그대가 이름만 대면 누구나 마땅히 알아야 할 사람이 아니잖아? 어쨌든 인간 대 인간으로서 존대는 여기까지니 더 이상 들이대지 말라. 요즘 정치 이벤트 상대해줄 기분이 아니다'라는 내용의 문자메시지를 읽었다. 알려진 대로 이 위원의 디도스 공격 검증 제안을 김 총수가 거절하긴 했지만, 이 위원이 누구인지 모르는 상태에서 대화가 오고간 해프닝이 '거절'로 알려졌다는 것이 김 총수의 주장이다.

바람을 갖고 있기 때문에 저는 이것을 김어준 총수님이 해주시면 좋겠다고 생각했어요. 결과적으로 안 된 게 안타깝죠.

박종진 이 자리에서 김 총수에게 정식으로 다시 한 번 요청해보시죠.

이준석 지금 이야기하면 정치적인 거라고 생각하실까 봐 조심스럽습니다. 정말 김어준 총수님이 검증에 참여해주시면 국민들 입장에서는 결론이 어떻게 나오든지 신뢰할 수 있지 않을까요?

박종진 그렇죠. 시사평론가 김용민 씨도 '이준석 비대위원, 바쁜 김어준 오라 가라 하지 말고 선관위 로그파일이나 내놓으라고 하세요', '김어준 영입 보도에 웃습니다'라고 트위터에 올렸어요.

이준석 영입보다는 초빙에 가까운 거였는데, 저는 '영입'이라는 단어를 쓴 적이 없는데 이렇게 노출이 돼 김 총수님도 부담스러운 부분이 있으셨을 것 같아요. 절차적인 부분에 대해서는 충분히 사과드리고 대신 국민들이 속 시원히 밝혀주길 바라는 사안인 만큼 참여해주시면 정말 감사할 것 같습니다.

박종진 저도 김어준 총수가 저희 프로그램에 한 번 출연해주셨으면 좋겠어요. 언제든지 전화하시면 제가 이 자리를 비워놓겠습니다. 저는 정식으로 요청하는 겁니다.

이준석 무척 바쁘신 분이라서…….

박종진 좀 아픈 이야기를 해볼까요? 전여옥 의원이 이 위원에 대해 '들러리'*라는 표현을 썼어요. 기분 나쁘죠?

이준석 '들러리'라고 하시니까 이야기하는 건데, 사실 한나라당이 갖고 있는 그 이미지를 넘어서는 게 당의 목표입니다. 한나라당에서 20대의 젊은 비대위원을 뽑았는데 그 비대위원이 아무것도 하지 못하는 상황이 된다면 그것은 국민들의 기대를 저버리는 거잖아요. 한나라당에서도 그런 고민을 많이 합니다. 물론 경험도 중요하겠지만 경험이 없다고 해서 아무런 논리 없이 제 의견을 반박하는 일은 없고요. 그런 면에서 한나라당이 변하고 있습니다. 전여옥 의원님이 저를 만난 적도 없는데 너무 미워하지 않았으면 좋겠어요.

박종진　왜 그렇게 미워할까요?

이준석　정치 쪽은 잘 모르지만 같은 당 내부에서도 이견이 있잖아요. 그런데 아직까지 제가 어떤 의견을 갖고 있는지 색깔을 드러내지 않다 보니까⋯⋯. 그래서 무색이 더 무서운 거다, 이런 느낌이 아닐까 하는 생각도 드네요.

박종진　이 비대위원은 올빼미형 인간입니까, 새벽형 인간입니까?

이준석　저 같은 벤처기업 사람들은 어둠이 깔리면 그때부터 작업하는 것을 좋아합니다. 전에는 오전 5시쯤 자고 오후 2시에 일어났는데, 비대위원이 된 뒤 주위에서 몇 시에 일어나느냐고 묻기에 "아침 일찍 9시에 일어납니다" 했더니 "그게 일찍이냐?" 하시더라고요. 그래서

---

*　전여옥 의원은 2011년 12월 28일 평화방송의 한 프로그램에 출연해 "비대위원들이 적절한 분인지 유감스럽다"라며 "김종인 전 경제수석의 경우는 이해가 안 되는 인사다. 이분은 1993년 동화은행에서 2억,1000만원을 받으셔서 2년 동안 징역을 사신 분이다"라고 말했다. 전 의원은 이어 이준석에 대해서는 "그의 인선은 김종인 전 수석의 전력을 숨기기 위한 들러리가 아니었을까"라고 한나라당을 공격했다. 전 의원은 또한 이준석이 디도스 검찰 수사 국민검증위원장이 된 것을 두고 "미국의 대통령 자격 조건이 35세 이상인 것은 그만큼 많은 걸 겪고 다 살펴야 한다는 의미다"라고 말했다.
이에 대해 이준석은 2012년 1월 2일 TV조선 시사토크쇼에 출연해 앞서 자신을 '들러리'로 폄하한 전 의원에 대해 '변절자'라고 맞받아쳤다. 이튿날 전 의원은 자신의 블로그에 '더 큰 문제는 아이들까지 정치에 끌어들인 한나라당이다. 후일 더 많은 비판과 비난을 받을 정치 퍼포먼스다'라며 한나라당을 원색적으로 비난했다.

지금 시차적응 중입니다.

박종진 　"박근혜 비대위원장도 넘어야 할 것들이 있다"라고 했죠? 박 비대위원장 입장에서는 상당히 기분 나쁜 말이 될 수도 있을 것 같은데…….

이준석 　왜 그게 여태까지 금기시됐던 발언인지 잘 이해가 되지 않아요. 저는 당리당략에 얽힌 부분도 없고 공천을 받으려고 하는 것도 아니다 보니 그런 부분에서는 좀 자유로운 것 같습니다. 대선이 다가오는 상황에서 국민적인 의혹이 있다면 그게 누구든 당연히 풀고 가야 하는 것 아닌가요? 대통령 선거는 우리나라를 5년간 다스릴 지도자를 뽑는 일인데, 한 점 의혹이 있어서도 안 되고 그런 부분을 안고 선거를 치를 수도 없습니다. 당 대표 시절과 달리 대선 후보가 되면 국민들이 더 엄격한 기준을 요구할 수도 있습니다. 그리고 그것은 박 위원장께서 누구보다 더 잘 알고 계십니다.

박종진 　그 의혹이란 게 뭡니까? 지금 의혹을 해소해야 된다고 했잖아요.

이준석 　당 밖에 있을 때 많이 들었던 이야기 중에 정수장학회에 대한 것이 있습니다. 표면적으로만 알고 있었는데 상당히 궁금한 부분이 생겼습니다. 왜냐하면 제가 봉사단체를 운영하면서 사단법인으로 만들려고 준비를 많이 했거든요. 그런데 이런 단체를 사유물로 하기에는 굉장히 부적절한 부분이 있는데 그런 것에 대해 왜 의혹이 나오는지, 궁금한 부분이 있긴 해요.

박종진 　정수장학회가 박 비대위원장의 사유물이라는 이야기입니까?

이준석　박 비대위원장께서 이사장직에서 물러나신 지도 한참 됐는데…… 왜 계속 이야기가 나오는 건지. 사안을 자세하게 들여다봐야겠지만 국민들과 마찬가지로 저 역시 이에 대해 많은 이야기를 들었거든요.

박종진　정수장학회에 대한 의혹 말인가요?

이준석　대선에 가면 똑같은 이야기로 또다시 공격받게 될 겁니다. 그것을 우리가 먼저 해소해야 하지 않겠습니까?

삐 삐 삐 삐 삐 삐 ~~~~~

박종진　경고 사이렌이 울리니 이 이야기는 여기까지만 할게요. 잘못하면 저희가 고소·고발을 당해요. 여기에서 근거 없는 사실을 이야기하고 수긍하면 저도 바로 옷 벗어야 해요. 저 역시 실직자 되면 안 되거든요.

이준석　저도 그렇게 알겠습니다(웃음).

299명 국회의원
채우기 너무 힘들다

박종진　'우리 정치의 근본 문제는 존경할 만한 사람이 없다'라는 것이다, 이런 이야기도 했죠?

이준석　아! 제가 한 말이네요.

박종진　기억이 잘 안 나세요?

이준석　제가 지난 1년간 트위터에 올린 글을 세어보니까 2,000개가 넘더라고요. 그걸 보면서 "내가 이런 말도 했어?" 그러다가 "어? 정말 했네!" 그런 적도 있어요.

사회자　왜 그랬어요? 정말 존경하는 사람이 없습니까?

이준석　정확히 말씀드리면 트위터에 '299명의 국회의원(지난 4·11 총선에 앞서 여야는 선거구를 획정하면서 의원수를 300명으로 늘렸다—주)을 채우기에는 너무 힘들다'라고 썼어요.

박종진　너무 많아서 찾기 힘들다는 건가요, 아니면 299명 중 존경할 만한 정치인이 단 한 명도 없다는 건가요?

이준석　국회의원은 대표성을 가진 분들인데, 그런 분들을 찾는다는 게 힘든 과정이라고 느꼈어요. 제가 존경하는 분은 각 당에 흩어져 계시지만 그런 분 299명이 모여 정책을 논의한다면 그것은 엄청난 나라의 자산이 될 것 같아요.

박종진　존경할 만한 정치인은 개인적으로 어떤 분입니까?

이준석　작년 12월 31일 그해 마지막 예산심의를 한다고 해서 국회에 방청을 하러 갔어요. 여러 의원님들이 격렬하게 주제토론을 하시더라고요. 그 모습을 보며 '다들 열심히 하신다'라는 느낌을 받았고 그래서 트위터에 이런 글을 올렸어요. '통합진보당 이정희 의원님이 발표하시는 모습에서 열정을 느꼈다. 내가 소속된 당과는 다르지만 그래도 열정을 느꼈다'라고 했더니 거기에 또 공격하는 분이 있더라고요. 전 그런 편견에서 자유롭고 싶어요. 당이 몇 개 되지도 않는데 당으로 정치인을 편 가르기 하고 그 사람을 미워해야 한다면 그건 가혹

한 일이지 않을까요?

박종진　대학 등록금 문제는 어떻게 해결해야 되겠습니까?

이준석　'수혜자 부담의 원칙'에 대해 많이 생각하게 되더라고요. '대학교육을 받음으로써 가장 이득을 보는 사람은 누구일까?'라고 했을 때 가장 먼저 떠오르는 건 역시 자신이죠. 저만 해도 하버드대를 졸업한 걸로 많은 이득을 봤거든요. 그런데 그 재능이 개인에게 국한되지 않고 어떤 기업이나 사회를 위해 쓰인다면 그 부담을 국가 또는 기업체 등 여러 곳에서 부담할 수 있다고 생각합니다. 국가라면 세금을 통해 지원할 수도 있지 않을까, 하는데요. 제가 경제학에서 배운 바로는 그건 돌고 도는 거거든요. 세금은 또 누가 냅니까? 국민이잖아요. 그런 부분에서 고민이 많습니다.

박종진　세금은 국민이 낸, 결국 내가 낸 돈이니까. 그러면 기업체가 부담해야 되겠네요?

이준석　지금도 기업이 책임을 안 지고 있는 것은 아닙니다. 자녀 학자금 지원 같은 것도 있지 않습니까? 하지만 자녀가 대학에 들어갈 때까지 회사를 다니지 못하는 분들도 점점 많아지고 있는데, 이에 대한 대책이 기업에서 자발적으로 생겨나야겠지요.

박종진　'대학교육을 받은 사람들의 공헌으로 순이익 많이 내는 기업들, 장학금 많이 내놓으시라. 그것이 수혜자 원칙에 맞다', 이렇게 정리를 하겠습니다. 이 비대위원에 대해 이런 이야기가 있어요. '유승민 의원실에서 인턴을 했고, 이 비대위원의 아버지와 유 의원은 친구 사이다. 그래서 유 의원의 추천으로 한나라당 공천권을 갖는 비대위원이 된 것 아니냐?'라는.

이준석　박 비대위원장님의 신중한 행보로 봤을 때, 그 사실을 미리 알았더라면 리스크를 안고 굳이 저에게 역할을 주시지 않았을 것 같아요. 과정에 대해서는 명확히 기억하고 있는데, 제가 2004년 방학 때 한국에 들어왔어요. 17대 국회에 처음 들어오는 의원들이 많은 때라 국회 인턴이라는 것을 해보고 싶었어요. 당시 제가 경제학을 복수전공하고 있어서 경제 문제에 관심이 많았기 때문에 어떤 의원실에 가서 인턴을 하면 좋을까, 생각하다 한나라당 여의도연구소에 여쭤봤어요. '경제 분야에서, 어떤 분들이 잘하시는지'에 대해. 그랬더니 이한구 의원님, 유승민 의원님 등 경제 분야에서 유명하신 분들을 추천해주시더라고요. 그래서 전화를 돌렸더니 마침 유승민 의원님이 금융감독원 쪽 일을 하시는데, 해외 사례를 조사하신대요. 그래서 제가 "번역이라도 하겠습니다"라며 찾아간 것입니다.

박종진　아버지가 추천해 준 것은 아니고요?

이준석　제가 고등학교 때부터 기숙사 생활을 해서 아버지 친구분들을 뵐 일이 없었어요. 굳이 여쭤봤으면 알 수도 있었겠지만 평소 그런 이야기를 잘 안 해주세요.

박종진　아버지 친구인데 그런 사실을 전혀 모르고 들어가 일을 하게 된 거네요?

이준석　제가 "이런 의원님이 계신데, 괜찮은 것 같다"라고 아버지께 말씀드렸더니 그제야 "아는 사람이다"라고 하시더라고요. 더 놀랐던 것은 제가 당에 들어와 보니 그분 외에도 아버지 친구분들이 여러분 계시더라고요. 그때는 정말 몰랐습니다.

버퍼링 정당이
변하고 있다

박종진　밖에선 한나라당을 어떻게 보셨습니까? 젊은 사람들은 한나라당을 별로 지지하지 않잖아요?

이준석　주변에서 "왜 한나라당에 참여하게 됐냐?"라는 질문을 많이 해요. 그러면 저는 이렇게 말하죠. "정당정치라는 것은 탁구공처럼 왔다 갔다 하는 것인데, 결국 변화와 쇄신을 하는 정당이 어디냐?"라고요. 그러니까 당의 잘못이나 실정이 많을수록 그 당은 쇄신을 할 수밖에 없잖아요. 정당은 표를 먹고살기 때문에……. 한나라당이 그런 상황이었어요. 디도스라든지 국민들 눈높이에 못 맞추는 일을 했기 때문에.

박종진　디도스는 말이 안 되는 이야기죠?

이준석　'선관위 사이트를 다운시키면 선거를 더 잘 치를 수 있다'라는 생각은 도대체 누가 한 것인지 모르겠어요.

박종진　유치하고 '초딩' 같은 발상이죠.

이준석　소위 말하는 'X맨'이 아닌가 하는 생각이 들 정도로 황당하고 안타깝습니다. 제가 한나라당 비대위원이 된 뒤 저한테 이렇게 물어보는 사람들이 있었어요. "민주통합당이나 통합진보당에서 (비대위) 제안이 들어왔으면 어떻게 할거냐?"라고요. 우선 그런 제안 자체가 들어오지도 않았어요. 아마도 그쪽은 변화에 대한 갈망이 아직까지는 없는 거겠죠.

박종진　민주통합당이 더 좋습니까, 한나라당이 더 좋습니까?

이준석 한나라당에 적을 두고 있으니까(비대위원은 무보수에 당적이 없는 외부 인사들로 구성됐다-주).

박종진 적을 안 두고 있다면?

이준석 정책을 따라갑니다. 제가 공학도로서 가장 재미있다고 생각했던 정책이 버스 환승체제 개편이에요. 당시 이명박 서울시장의 대표적인 공적 아닙니까? 반면 제가 가장 싫어했던 정책 중에는 한나라당의 것도 있고요.

박종진 여기서 민주통합당이 사실 더 좋습니다, 라고 하면 그쪽에서 확 데려갈 수도 있어요.

이준석 아이고야~, 그것도 실수하는 겁니다.

박종진 '내가 지금 한나라당 비대위원이기에 어쩔 수 없이 한나라당을 지지한다', 이러면 듣는 사람에 따라서는 '어? 이 사람 별로네'라고 생각할 수도 있겠는데요. 민주통합당도 개인적으로 좋아하죠?

이준석 둘 다 하면 재미있을 것 같아요. 그쪽(민주통합당)도 비상 상황이 올 것 같은데요. 그런데 그쪽에서 나오는 정책들 역시 복지와 관련된 것들이 많습니다. 그런 부분에서는 긍정적인 평가를 할 수밖에 없죠.

박종진 한나라당에 막상 들어와 보니 답답한 부분도 있을 테고 이렇게 훌륭한 분들이 기껏 회의장에 모여 대화를 한다면서 싸움이나 하면 어린 나이지만 한심해 보일 수도 있을 것 같은데요……. 한나라당의 가장 큰 문제는 무엇이라고 생각하나요?

이준석 그동안 한나라당이 너무 신중함 일변도를 택했어요. 그래서 제가 한나라당에 대해 표현한 몇 가지 단어가 있어요. '버퍼링, 버벅거

림, 딜레이 정당'이라고. 제가 외부에 있을 때는 그런 인상을 많이 받았습니다. 그런데 우리 당이 변하고 있어요. 비대위 시작하는 첫날부터 국회의원 불체포특권을 자발적으로 포기하게 만들었거든요. 이런 것들은 한나라당이 평상시 속도로 하려면 한 달가량 치고받고 해서 나올 수 있는 결론이에요. 그러니까 그동안 한나라당은 논리만 고려했지 시간적인 것은 고려하지 않았던 거죠. 이제 그 변화가 굉장히 클 겁니다.

박종진　신중함이 먼저입니까, 신속함이 먼저입니까?

이준석　글쎄요, 가장 좋은 건 신중함 속에 신속함이 같이 있는 거죠.

박종진　안철수 원장에 대해서는 같은 IT업계 종사자로서 어떻게 생각하나요?

이준석　저와 그분을 같은 급으로 엮으려 하지 마시고요. 우연히도 안철수 원장님이 20년 전에 하신 일을 제가 순서대로 하고 있을 뿐인데. 저는 그분이 이뤄놓으신 거에 비하면 한 게 너무 적잖아요. 그리고 제가 늘 하는 말이, "다들 훌륭한 분들이기 때문에 이번 대통령 선거는 박근혜 비대위원장님이나 안철수 원장님, 아니면 또 다른 훌륭한 분들을 놓고 고민해서 치르는 선거가 될 것이다"라는 거예요. 과거처럼 다 싫은데 이 사람이 그나마 조금 덜 싫어서 선택하는 게 아니라 정말 훌륭한 분들을 놓고 고민하는 선거라면 대한민국 국민의 한 사람으로서 행복하지 않을까요?

박종진　박근혜 비대위원장과 안철수 원장이 일대일로 붙는다면 누구를 뽑겠습니까?

이준석　박근혜 비대위원장님이요. 제가 왜 고민합니까?(웃음) 왜 저를 시험하려고 하시는 거죠? 거기에는 한 치의 고민도 없습니다.

박종진   본인의 단점은 뭐라고 생각하십니까?

이준석   많은 사람들이 저에게 "네가 20대를 대표한다고 하지만 네가 경험해본 것들은 지금 20대가 겪고 있는 어려움과 너무 다르지 않느냐"라는 이야기를 하세요. 물론 직접 경험한 것이 많을수록 좋겠지만 간접경험이나 실제로 어느 정도 떨어져서 보는 그런 경험도 저는 굉장히 중요하다고 생각합니다. 제가 교육봉사를 하다 보니 항상 주변에 300명 정도 되는 선생님과 같이 있는데 그분들을 통해 보고 듣는 게 많아요. 그렇기 때문에 오히려 정말 많은 분들을 대변할 수 있는 거거든요.

박종진   전봉주 전 의원의 구속에 대해 찬성하는지, 반대하는지 딱 한마디만 한다면?

이준석   구속하면 안 되죠.

박종진   여기까지 듣겠습니다. 자, 클로징 잘 들어요. 부두에 정박한 배가 가장 안전합니다. 하지만 배는 풍랑을 헤치고 바다를 항해하기 위해 존재합니다. 고난이나 시련을 두려워하지 않는 여러분이 되시길 바랍니다.

　　　　한나라당 비상대책위원회 활동 기간 내내 뉴스메이커로 주목 받았던 이준석은 현업으로 돌아갔다. 그는 주변에서 "정치를 하려면 정책 공부를 위해 유학을 다녀오라"라는 권유를 받았지만 당장 유학 갈 생각은 없다고 한다. 이준석은 "정치와 관련한 스마트폰 애플리케이션을 만드는 중"이라며 "(비대위 활동 기간에) 청년들을 위한 정책 추진을 제대로 못 한

점이 아쉽다"라고 말했다. 한편 이준석은 2012년 5월 7일 문재인 민주통합당 상임고문의 목이 베인 『삼국지』 만화 패러디물을 자신의 페이스북에 링크해 논란에 휩싸였다. 질타가 쏟아지자 그는 문 상임고문을 직접 찾아가 사과했고 문 상임고문은 이를 받아들였다.

내가 만난
이준석

한나라당 비상대책위원회의 최연소 비대위원이었던 이준석은 방송을
앞두고 생방송 진행자인 나와 제작진을 긴장하게 만들었다.
방송에 출연하는 날, 방송 시간 직전에 아슬아슬하게 스튜디오에
도착했기 때문이다.
〈박종진의 쾌도난마〉는 생방송이라 시간을 반드시 지켜야 하는데
말이다. 이유는 늦잠을 잤기 때문이란다. 역시 '천재는 게으르다'라는
말이 맞다는 생각이 들었다. 다행히 펑크는 내지 않았다.
그는 잘생겼다. 그것도 그냥 잘생긴 것이 아니라 남자로서 질투하는
마음이 들 정도였다. 아마 여자들에게 인기도 무척 많을 것이다.
그와 몇 번 만나면서 아직 젊다고 지식이나 지혜를 무시해서는
안 되겠다는 생각이 들었다. 나이는 물론 사회 경험도 내가 훨씬
많겠지만 정책을 보는 안목은 나보다 더 깊었다. 특히 좌우 각도에서
분석하는 모습을 볼 때면 감동을 받기도 했다. 이런 친구는 나중에
정치를 하면 이 나라에 도움이 되겠다는 생각이 들었다.
실제로 비대위원으로서 이준석이 주장한 내용(일부 인사 공천 반대 등)
대부분이 결국 받아들여졌다.
세 번인가 출연한 끝에 소주를 한잔하게 되었는데 무척 예의가 바른
청년이라는 인상을 받았다. 정치에 대한 자신의 입장도 솔직하게
밝혔다. 비대위원 모두 불출마를 약속했기에 이번 4·11총선은 접었지만
앞으로 기회가 주어진다면 정치를 해보고 싶다는 의견도 피력했다.
솔직하고 자신 있는 모습이 내 눈에는 무척 귀엽게 보였다. 겸손까지
갖춘 미래의 훌륭한 일꾼이 될 것이다. 꼭 도와주고 싶은 친구다.

전여옥

"
한나라당에는
겁먹은 동물이란
표현도 과분하다
"

『닥치고 정치』에서 한나라당을
'겁먹은 동물'에 비유했더라고요.
그건 맞는 말이라 생각했어요.
예를 들면 김선동 통합진보당 의원이
국회 본회의장에서 최루탄을 터뜨렸잖아요.
법을 만들고 상정하는,
정말 중요한 곳을 난장판으로 만들고 유린했는데,
그것을 고발하지 않는 정당이라면 '겁먹은 동물'이란
표현도 과분하죠.

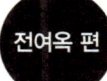

KBS 기자 출신인 전여옥은 2004년 한나라당에 입당해 17대 국회에서 비례대표로
활동했고 당 대변인을 지냈다. '박근혜의 입'이라 불리던 그는 2007년 4월
"박근혜 대표 주변 사람들은 무슨 종교집단 같다"라고 발언, 결별을 예고했다.
그러다 2007년 7월 12일 이명박 후보 지지를 선언했다.
당시 '박근혜를 사랑하는 모임(박사모)'은 "정치인이 배신을 밥 먹듯 하는 것은
자신의 신념에 거짓말을 하는 것으로, 그 피해는 그를 찍어준 구민이 입게 된다"라며
전여옥 낙선운동의 당위성을 주장했다. 그럼에도 그는 18대 총선에서
서울 영등포갑의 한나라당 후보로 출마, 당선됐다.
_2012년 1월 9일 방송

박종진   전여옥 의원에게 따라다니는 수식어들이 많이 있죠. '날카
롭다, 공격적이다, 시원시원하다, 불같다'. 이들 수식어만큼 시원한
이야기를 기대합니다. 전 의원이 한나라당 대변인 시절 취재를 담당
했던 황승택 기자도 자리를 함께했습니다. 요즘 고승덕 의원이 폭로
한 전당대회 돈봉투 사건 때문에 한나라당이 많이 시끄럽습니다.

전여옥   저는 정치를 시작할 때 돈 문제를 깨끗이 하지 않으면 제가
어떤 말도 할 수 없다고 생각했기 때문에 이 부분에 대해서는 굉장히
철저하게 관리했습니다.

박종진   그러니까 (돈봉투) 받아서 돌려주신 거죠?

전여옥   아니, 저한테는 아예 오지도 않았어요. 그렇지 않아도 조금

전 비서한테 혹시 나도 모르게 돈봉투가 왔다 간 적이 있냐고 물어봤어요. 그러자 오지도 않았다고 하기에 "내가 그렇게 별 볼 일 없었나?"라며 농담도 하고 그랬어요. 저는 절대로 그런 걸 받지 않는 사람이니까요. 그것도 받을 만한 사람이라면 갈 수도 있는 거겠지만 저는 한 번도 받은 적이 없었습니다.

박종진　거부당할 게 뻔하니까 아예 시도도 안 했다?

전여옥　네, 그렇게 생각합니다. 그리고 정말 한 번도 없었어요.

박종진　그래도 아예 오지도 않았다니까 왠지 서운하지 않습니까?

전여옥　다행이죠. 왜냐하면 정치를 한다는 것은 지뢰밭을 걷는 것과 같으니까요. 그런데 어디에 지뢰가 있는지 자신이 직접 찾아내서 제거하기는 어려워요. 탐색 안테나가 있는 것도 아니고. 가장 안전한 방법은 일단 돈 문제를 깨끗이 하면 그 어떤 문제가 터지더라도 당당할 수가 있다는 거죠. 제가 정치를 하겠다고 했을 때 많은 분들이 "정치를 하는 사람들은 끝이 안 좋다더라"라고 걱정하면서 말리셨어요. 그런데 저는 그때도 돈 문제만 깨끗하다면 그 끝은 깔끔하게 마무리할 수 있다고 생각했기 때문에 굉장히 조심했죠.

황승택　한나라당 대변인 시절 최고위원 경선에 출마해 강재섭 후보, 이재오 후보와 불꽃 튀는 경쟁을 펼쳤습니다. 경선을 치른 경험이 있으시니 전 의원께서는 (전당대회 돈봉투 사건과 관련해) 본인은 받지 않으셨더라도 돈이 오갔다는 이야기를 들으시거나 목격하신 건 없습니까?

전여옥　그땐 저희가 야당이었고 '차떼기당'에 대한 전력이 있었기 때문에 다들 조심했고요. 최고위원에 출마했지만 선거사무소도 제 방

(의원실)에 차렸어요. 그랬기 때문에 돈을 굉장히 적게 들이고도 최고 위원에 당선될 수 있었고 이로 인해 한나라당에 희망을 느꼈습니다. 그런데 이번에 전당대회 돈봉투 사건이 터진 걸 보고 그야말로 참담한 마음에 뭐라고 표현을 못 하겠어요. 정말 가슴이 아픕니다.

박종진 　누군가 정치적 책임을 져야 되지 않겠습니까? 역사에 남는 획을 그어야 될 필요가 있다고 생각하는데요.

전여옥 　돈봉투 발언을 한 고승덕 의원에 대해, 당 안팎에서 공천과 관련돼 일부러 터뜨린 거라든가 여러 가지 말들이 많죠. 그런데 고 의원이 어떤 생각으로 이 사실을 폭로했든 이 나라 정치인이라면 모두 책임을 져야 될 문제라고 생각합니다.

박종진 　이런 것은 여야가 똑같다고 봐야죠?

전여옥 　고 의원이 어떤 의도를 갖고 폭로했든, 하지 않았든 이번 일을 계기로 부정한 돈이 오가지 않는 정치 풍토를 만들어야 합니다. 그런 면에서 선거공영제*를 도입, 당내 선거를 치르는 것도 좋은 방법이라고 생각합니다. 어찌됐든 지금 이 나라 정치인들한테는 어느 누구를 원망하거나 비난할 자격도 없는 상황이라…… 그저 답답할 뿐이죠.

* 한나라당은 2012년 1월 초 '전당대회 돈봉투 사건'과 같은 금품 선거를 원천 차단하기 위해 전당대회뿐 아니라 대선후보 경선 등 당내 모든 경선 관리를 선관위에 위탁하는 방안과 경선 비용을 후보자가 아닌 정당 등에서 보전해 주는 선거공영제 도입 방안을 논의했으나 현실화되지 못했다.

나만큼 마타도어 당한
정치인도 없다

박종진 포털사이트에서 '전여옥'을 검색하면 '전여옥 망언', '전여옥-이준석', '전여옥 변절자', '전여옥 불륜' 등 유별난 수식어가 붙는데요. 안티 팬들이 많은 국회의원이지만 그만큼 정계 최고의 관심 인물이기도 합니다. 말도 많고 탈도 많은 국회의원 전여옥의 진짜 모습을 보여줘야 될 것 같은데요.

전여옥 정치는 인기 얻으려고 하는 게 아니고요. 어떤 점에서 보면 저만큼 마타도어(Matador : 흑색선전-주)에다 왜곡당한 정치인도 없다고 생각합니다. 왜 이렇게 됐는지 이유야 많겠지만 아마도 제가 비겁하지 않았다는 것, 용감한 정치인이라는 것도 하나의 이유가 되지 않았을까요? 그만큼 열심히 일하기도 했고요.

황승택 전 의원이 상당히 직설적이기 때문에 악플도 많고 대놓고 욕하는 사람도 많을 텐데 평소 악플을 읽어보는 편입니까?

전여옥 다 읽어보죠. 그리고 트위터 같은 경우에는 시간이 되면 악플에 댓글도 달아줍니다. 그랬더니 어떤 분이 '나는 보수도, 진보도 좋아하지 않고 그냥 좋은 의견을 존중하고 싶은 사람이다'라고 자기소개를 하면서 덧붙이길 '이렇게 악의적인 댓글에도 논리적으로 당당하게 댓글을 달아준 점은 참 존경스럽다'라고 했어요. 제가 보기에 지금 우리 사회는 정상이 아니에요. 다들 너무 공격적이고. 그런 최전방에 제가 정치인으로 서 있는데, 언젠가 이에 대해 사람들이 저한테 미안하게 생각할 거라고 봅니다. 정치인은 국민들을 위해 용기를 내야 하기 때문에 제가 여기서 물러서거나 약한 모습을 보여선 안 된다고 생각합니다. 그런 마음가짐으로 지금까지 버텨왔습니다.

박종진　　저는 전 의원을 부드러운 여자로 알고 있지만, 날카롭게 질문하거나 가끔 삿대질하는 모습을 TV에서 본 국민들은 다르게 생각할 수도 있지 않나요?

전여옥　　날카로운 질문이야 다른 정치인들도 다 하죠. 그런데 삿대질을 한 적은 없어요. 저는 굉장히 예의바른 사람을 좋아하고 저 자신도 그런 것에 신경을 많이 씁니다. 다만 참여정부 시절 노무현 대통령께서도 국민들에게 참 예의가 없으셨다고 생각하긴 합니다. 사람들은 흔히 보수가 케케묵고 낡은 거라고 생각하죠. 돌이켜보면 괴롭지만 저도 대학교 다닐 때 학생운동도 했고 학보사 편집장으로 당시 위험한 내용의 유인물을 뿌리기도 했습니다만. 저는 이렇게 생각해요. 싫든 좋든 이 나라에 사는 이상 어쨌든 서로 힘을 합쳐서 손을 잡고 가야 되지 않겠느냐고. 저도 박정희 전 대통령을 굉장히 싫어했던 사람 중 한 명이고 그분과 화해하는 데 시간도 오래 걸렸지만 빛과 그림자가 분명히 존재한다고 생각합니다. 그러니까 그걸 후세에서 평가해야 한다는 거죠. 그런데 노무현 대통령 시절에 굉장히 많은 평가가 있었어요. 특히 박정희 전 대통령에 대해서는 난도질 같은 게 있었는데, 제가 한 외국인 친구한테 그에 대해 이야기했더니 그 친구가 놀라면서 묻더라고요. "아니 그분이 언제 적 대통령이냐?"라고. 그래서 "30~40년 전"이라고 하니까 "어떻게 한 세기도 지나지 않았는데 그 사람에 대해 역사적인 평가를 할 수가 있느냐?"라는 거예요. 그런 일이 있고 나서 그런 점에 대해 굉장히 진지하게 생각하는 시간을 가졌습니다. 저는 한나라당 대변인으로서 최선을 다해 보수정당을 대표했습니다. 보수의 가치는 자유와 선택 그리고 책임입니다. 그것은 매우 중요한 가치입니다.

박종진　질문할 기회를 안 주시네요. '나꼼수' 진행자인 김어준 딴지일보 총수가 쓴 책『닥치고 정치』에 대해 "야! 맞는 말 했다"라고 이야기하셨는데 어떤 부분에서 맞는 말입니까?

전여옥　다 맞는 말은 아니고 딱 하나, 한나라당을 '겁먹은 동물'에 비유했더라고요. 그건 맞는 말이라고 생각했어요. 예를 들면 김선동 의원(통합진보당)이 국회 본회의장에서 최루탄을 터뜨렸잖아요. 법을 만들고 상정하는, 정말 중요한 곳을 난장판으로 만들고 유린했는데, 그것을 고발하지 않는 정당이라면 '겁먹은 동물'이란 표현도 과분하죠.

황승택　전 의원은 당시 박근혜 한나라당 대표와 환상의 호흡을 맞춘 대변인이었습니다. 2007년이죠. "지금 박근혜 대표와 함께 간다면 편할 수 있겠지만 5년 뒤 과연 국민들이 어떤 평가를 내릴까 생각했다"라는 말로 박 대표와 결별을 선언하셨습니다. 그런데 결과를 놓고 보면 이명박 대통령이 국민들에게 많은 실망을 안겨주지 않았습니까? 그렇다면 과연 보수주의자를 자처하는 전 의원이 박 대표를 지지하다 이명박 대통령으로 바꾼 이유는 무엇인지 그리고 이 대통령이 실정한 부분에 대해서는 비판을 했는지가 궁금합니다.

전여옥　네, 저도 비판했습니다. 그리고 2007년으로 돌아가 다시 한번 저한테 "이명박 후보냐, 박근혜 후보냐?"를 묻는다면 그래도 "이명박 후보"라고 답할 겁니다. 왜냐하면 이명박 대통령이 국민들과 소통도 잘 못하고 여러 가지 잘못한 점도 있지만 잘한 점도 분명 있습니다. 리먼브라더스 사태에 발 빠르게 대응해 금융위기를 무사히 넘긴 것 같은 것 말이죠. 국민들이 선거를 통해 뽑은 정권에 대해 아주 치열하게 끌어내리려는 사람들도 있었습니다. 'MB 아웃'을 외치며 '이명박 대통령 추방결의대'인가 하는 위원회가 만들어진 게 광우병 파동 때가 아닙니다. 이명박 대통령 취임식 바로 다음 날 만들어졌어요. 그만큼 거센 바람이 있었고, 이 대통령이 상황을 그렇게 만든 책임이 있다고도 하지만 박근혜 비대위원장도 그 책임에서 자유로울 수 없습니다. 두 사람 다 책임이 있는 거죠.

박종진　박근혜 비대위원장은 전 의원이 당시 이명박 후보 진영으로 갔을 때 엄청난 충격으로 마음의 상처를 입었다고 이야기했는데요.

전여옥　저는 그렇게 생각하지 않습니다. 왜냐하면 그동안 박 대표에게 많은 이야기를 했는데 그게 대부분 받아들여지지 않았어요. 저는 대변인으로서 열심히 일했습니다. 그건 누가 대표를 했든 마찬가지입니다. 저는 한 사람의 정치인이지 어떤 사람에게 충성 맹세를 한 것도 아니고…… 누구에게 로열티, 즉 충성심을 갖고 있지 않습니다. 오로지 국민들, 제가 지역구로 있는 영등포구민들에게만 충성심을 갖고 있죠.

박종진　그러면 젊은 이준석 비대위원이 전 의원에게 '변절자'라고 이야기한 부분에 대해서는 화가 무척 나셨겠어요?

전여옥　화가 났다기보다 잘 모르고 한 말인데, 그런 사람한테 무슨 화를 내겠습니까? 다만 이준석 씨 개인의 문제가 아니라 비대위가 이왕 젊은 사람들을 뽑을 거면 고생 많이 해본 사람 중에서 찾았더라면 더 좋았을 거라는 거죠. 저도 20대 중반에 고생 많이 했어요. 집안이 망해 밥상에까지 빨간 딱지가 붙은 적도 있고요. 그래서 자기 손으로 등록금도 벌면서 인생의 뜨거운 맛을 본 사람이었으면 했죠. 카이스트, 하버드대 이런 곳을 나온 사람보다는 지방 대학에서 열심히 공부해서 서울에 있는 회사에 서른 번 이상 입사지원서를 넣었는데도 취직이 안 된, 그런 절절한 사람이 뽑혔으면 했죠. 그런데 모든 것이 잘 풀린 사람이 오니까, 제가 어른으로서 "잘 모르고 한 말이다"라는 정도로만 이야기한 거죠.

박종진　마음이 넓으시네요.

전여옥　마음이 넓은 게 아니라 정치를 하면 겸손해집니다. 2008년 총선에서 '박사모'가 제 낙선운동을 했죠. 굉장했습니다. 또 친박연대에서도 찾아왔죠. 그렇게 이길 수 없는 선거에서 이기고 나니 비로소 깨닫게 되었습니다. '영등포갑 구민들께서 진실을 아는구나'라는 걸요. 그래서 그다음부터 제가 세상 무서운 줄도 알게 됐고, 더 겸손하게 살기로 했죠. 그리고 저는 원래 오만한 사람이 절대 아니었습니다. 저도 고생 많이 했으니까요.

황승택　아까 말씀하시길 특정 개인을 위해서가 아니라 보수의 가치를 위해 일을 한다고 하셨는데요. 그렇다면 다시 '박근혜 비대위원장이나 혹은 안철수 원장이 범여권 후보가 되어 대변인을 맡아달라'라는 제안을 해온다면 응할 용의가 있습니까?

전여옥　현실 가능성이 전혀 없는 것을 가지고 질문을 하니까 별로 답하고 싶지 않네요. 그러나 저는 지금까지 보수우파 정당을 위해 몸을 던졌고 온갖 곡해와 왜곡 그리고 모욕도 감수했습니다. 제가 이 나라에 진 빚이 있기에. 지금보다 더 좋은 나라를 만들어 우리 아이들에게 물려주고 싶은 것뿐입니다.

『일본은 없다』
표절에 대한 입장

황승택　　책 이야기 안 할 수가 없는데, 재판이 진행 중이지만 국민들이 궁금해하니까. 『일본은 없다』 표절*과 관련해 1, 2심에서 유죄가 인정됐고, 대법원 판결을 기다리고 있는데 이에 대한 전 의원의 입장은 무엇입니까?

전여옥　　표절이 유죄가 된 게 아니에요. 너무 억울해서 제가 표절 기사를 보도한 언론사 등에 5억원의 손해배상 청구 소송을 제기했는데, 법원에서 언론의 자유 측면으로 볼 때 '저한테 돈을 주지 않아도 된다'라며 청구를 기각한 것입니다. 판결문에 표절에 대해서는 어떤 문구도 없었습니다. 아쉬운 것은 제가 '어떤 아이디어를 빌려 썼다. 인용했다'라고 하는데, 이 세상에서 일본에 대해 쓸 수 있는 사람이 그분만 있는 게 아니잖아요. 그리고 제 책이 먼저 나왔어요. 뭐 베낄 책이 있어야 표절이 되는 거죠. 그것은 너무 큰 오해이고 저도 계속 글을 써온 사람이고 기자 출신으로서 참으로 사랑하는 게 글쓰기였는데 굉장히 억울하고 분했죠. 그럼에도 제가 견딜 수 있었던 것은 진실이 무엇인지 명확하게 알고 있었고 하나도 부끄러울 게 없었기 때문입니다.

* 대법원은 2012년 5월 18일 전여옥이 쓴 베스트셀러 『일본은 없다』에 대해 표절이라고 최종 판결했다. 대법원 3부는 전여옥이 재일 르포작가 유재순 씨, 오마이뉴스 대표 등을 상대로 낸 손해배상 청구 소송에서 "유 씨가 책을 출간할 것을 알면서도 취재 내용, 소재 등을 무단으로 사용한 사실이 인정된다"라며 원고 패소를 판결한 원심을 확정했다. 전여옥은 2004년 『일본은 없다』에 대해 표절 의혹을 제기한 유 씨와 오마이뉴스 측에 손해배상을 요구했으나 대법원의 판결에 따라 '표절'임이 명백해졌다.

박종진　책이 먼저 나왔으면 표절을 논할 필요가 없는 거 아닌가요?

전여옥　그러니까 우리나라 재판이 이상한 거죠. 그때는 법이 반드시 진실을 가려준다고 생각했는데. 변호사 친구가 그러더라고요. "법이 진실을 밝혀주는 것은 아니다. 법관도 인간이고, 당시 정황이 명확하지 않은 부분도 있기 때문에 법관은 가능한 한 모든 사실의 증거를 모아서 인위적으로 판단을 한다. 하지만 법관도 인간이다 보니……. 병원에서도 오진율이 얼마나 많냐. 끝까지 용기를 잃지 말라"라고요.

황승택　르포작가 유재순 씨가 인터뷰에서 "전 의원이 상당히 폭언을 했다. 거짓말을 했다"라는 말을 했는데, 이 부분에 대해서는 명예훼손 등으로 다시 한 번 소송을 제기할 예정입니까?

전여옥　아니, 저는 오히려 그분이 왜 저한테 소송을 제기하지 않았는지 그게 이상한 거예요. 제가 자기 책을 표절했다는데 자기 책은 늦게 나왔고. 한번은 "그럼, 우리 다 같이 모여 이야기를 해보자" 했는데도 기자회견장에 안 나왔어요. 그리고 제 책이 나온 지 2년 뒤인가 유재순 씨가 책을 냈는데 그 책을 본인이 거둬들였어요. 책을 거둬들인다고 한다면 제가 거둬들여야 되지 않나요? 매번 만나자고 했는데도 안 만나줬어요. 그래서 그때는 저도 화가 나서 (욕을) 했는데 그것을 녹음해서 막 퍼뜨리니까 그것 자체도 위법이죠. 제가 정치인이기 때문에 그 부분에 대해서는 따로 소송을 걸지 않았지만요.

박종진　요새 인터넷에 전여옥이라고 치면 '전여옥 댄스'라는 연관 검색어가 떠요.

전여옥　제가 원래 춤추는 것을 좋아해요. 에어로빅도 굉장히 오래했고요. 화제가 된 댄스 동영상에 대해 말하자면 제 지역구에 선반공으로 일하다가 손가락 잘린 분들이 몇 분 계세요. 그중에는 작은 가게 사장이신 여자분도 계신데 그분이 어느 날 그러더라고요. "손톱 손질하는 게 유행인데 나도 한 번 받고 싶다"라고. 그런데 손가락이 두 개밖에 없다는 거예요. 제가 그런 분들을 존경해서 그분들이 송년회 같은 때 같이 춤추자고 하면 기꺼이 춥니다. 가끔 기자들이나 국회의원들이 춤을 추자고 할 땐 안 춘 적도 많지만요. 하지만 지역구에서는 아까 말씀드린 존경하는 분들이 춤을 추자고 하면 언제든지 분위기를 맞춥니다.

박종진 '나꼼수'의 진행자 정봉주 전 의원이 수감 전날 호텔에서 송별회를 연 것에 대해 비난하며 트위터에 '정 전 의원에게 사식 넣어주세요'** 라고 쓰셨는데 진심입니까?

전여옥 제가 사식을 넣을 생각은 없죠. 커피를 마셨든 다른 뭘 했든 간에 그분들이 하여튼 호텔에 간 것은 사실 아닙니까? 커피 네 잔 마시고 11만7,000원을 계산했다는데 그 돈이면 우리 동네에서 삼겹살 4인분을 소주 곁들여서 두 번은 먹을 수 있습니다.

박종진 8인분도 먹죠.

---

* '전여옥 댄스 동영상'이 인터넷에서 화제가 됐다. 이 동영상은 2011년 12월 10일 지역구인 서울 영등포구 당산동 소재의 한 예식장에서 열린 송년회 도중 촬영된 것으로 전해졌다. 동영상 속 전여옥은 오렌지색 점퍼를 입고 트로트 음악에 맞춰 상당한 춤 솜씨를 뽐냈다.

** 전여옥은 정봉주 전 의원이 입감을 하루 앞둔 2011년 12월 25일 가족 및 지인들과 함께한 호텔에서 모임 가진 것을 맹비난했다가 역풍을 맞았다. 그는 25일 밤 자신의 트위터에 '(정봉주) 사식위원회 결성한다더니 호텔 사식만 먹고 거기 음식은 안 먹을 건가 보다'라고 비아냥대기도 했다. 그의 글은 SNS상에서 거센 반발을 불러일으켰다. 호텔 모임에 동석했던 안민석 민주통합당 의원은 다음 날 트위터에 '전여옥 의원에게 경고'라며 '어제 하얏트 모임은 봉도사(정 전 의원의 별명) 대책회의 자리였고 딴 곳에서 식사를 마친 '봉도사' 사모님과 자녀들이 하룻밤 지나면 헤어질 아빠 따라 호텔 커피숍에 온 것임. 계산은 내가 11만7,000원 했음. 공개 사과하시라!'라며 전여옥을 질타했다.

전여옥　　그러니까 저는 그분한테 사식 넣어드릴 생각이 없습니다. 사식 넣어주기 위해 (사식위원회를 결성해) 3억원인가, 5억원인가를 모금하기도 하고 그러는 거 같던데요. 왜 제가 넣어줘요?

박종진　　시간이 다 됐다고 PD가 알려왔는데 마지막으로 하실 말씀 있으면 해주시길 바랍니다.

전여옥　　한나라당 전당대회 돈봉투 사건에 대해 매우 죄송하다는 말씀 드릴게요. 그래서 사실 저도 오늘은 참 나오고 싶지 않았습니다. 할 이야기도 없고 드릴 말씀도 없어요. 국민들은 지금 한나라당이 밉고, 한나라당 의원들을 참을 수 없고, 이명박 대통령도 싫고, 박근혜 비대위원장에 대해서도 마땅치 않으시겠죠. 그러나 우리나라가 여기까지 오기까지는 그래도 보수우파들의 노력이 있었다는 점과 산업화의 기본 아래 민주화가 있었다는 점을 생각해주셨으면 합니다. 그리고 저는 우리나라가 이제 세계 어디를 가든 알아주는 나라가 됐는데 그런 이 나라를 지키고 싶습니다.

박종진　　어려운 발걸음 해주셔서 정말 고맙습니다.

전여옥　　죄송합니다. 이렇게 좋은 프로그램에 나와서 나오고 싶지 않았다는 말씀을 드려서요. 그런데 이 프로그램은 좋은데 오늘 우리 한나라당의 상태가 너무 안 좋고 제가 가슴이 미어터지는 날이라 그러니까 용서해주세요.

사회자　　다음에 또 나오실 거죠?

전여옥　　생각해보고요.

박종진　　네, 알겠습니다(웃음). 월요일은 참 길고 왠지 힘든 날입니다. 하지만 새로운 일주일을 시작하는 날이라는 점에서 희망 잃지 마시고 오늘도 힘내세요.

　　새누리당 영등포갑 4·11총선 경선에서 탈락한 전여옥은 '합리적 진보와 개혁적 보수의 결합'을 내걸고 2012년 2월 13일 창당한 국민생각에 전격 입당해 전국구 비례대표 1번을 배정받았다. 하지만 국민생각은 비례대표를 뽑는 정당투표에서 2%의 최소 지지율마저 얻지 못한 0.73%의 지지율로 전국구에서 단 한 명도 당선시키지 못했다. 지역구 역시 단한 명의 국회의원도 배출하지 못했고 결국 국민생각은 정당 등록이 취소됐다.

내가 만난
전여옥

17대 국회에서 전여옥 의원이 대변인을 할 때 나는 청와대 출입기자로
만날 기회가 많았다. TV 화면에서는 무척 날카롭고 공격적으로
비쳐지지만 실제로 만나보면 무척 부드럽다.

그리고 깜짝 놀랄 만큼(?) 미인이다.

노련한 언론인 선배로서 그는 나의 유도 질문에 결코 넘어가지 않았다.
"그러니까 (돈봉투) 받아서 돌려주신 거죠?"라는 질문에 "그렇지 않아도
조금 전 비서한테 혹시 나 모르게 돈봉투가 왔다 간 적이 있냐고
물어봤어요. 제가 별 볼 일 없었나 봐요"라는 대답으로 의혹을 한방에
불식시켰다. 하긴 '돈봉투 특종'을 터뜨려놓고 방송에 출연하는
의원마다 돈봉투 받았냐고 묻는 진행자를 생각한다면 돈 받은 사람은
결코 출연하지 않으리라.

혹시나 돈봉투를 받고도 이 프로그램에 당당히 출연하는 국회의원이 있
다면 그 대담성에 혀를 내두를 수밖에……

전 의원은 이날 몸살로 자리에서 도저히 일어날 수 없는 상황임에도
〈박종진의 쾌도난마〉에 출연했다. 그리고 마지막까지 소신 있게
자신의 의견을 피력했다.

전 의원은 생방송에서 박근혜 비대위원장에게는 쓴소리를 하고
한나라당 의원들에게는 용기가 없다며 측은해했다. 내용의 논란은
뒤로하고 그의 용기에 일단 박수를 보낸다.

또한 그는 〈박종진의 쾌도난마〉에서 이번에 낙마하면 정계에서
은퇴하겠다는 선언도 했다. 결국 국민생각에 입당해 비례대표 1번을
받았지만 낙마했다. 전 의원이 없는 국회는 왠지 조용하다. 역사의
뒤안길로 사라진 인물로 기록될지, 어떤 반전이 생길지 지켜볼 일이다.

김종인

> "
> 권력과 물질에서
> 자유로운
> 대통령이 필요하다
> "

박근혜 비대위원장이

지난 2007년 한나라당 대통령 후보 경선에서

패배하고 난 다음 싱숙하게 승복하는 모습을 보여서

정치인으로서 능력이 입증되지 않았나, 그렇게 생각합니다.

저는 이번에 대통령이 될 분은 물질이나

권력에 대한 탐욕이 없는 분이면 좋겠습니다.

그런 측면에서 볼 때 그분이 탐욕을 가질 그런 사람은

아닌 것처럼 보인다는 거죠

경제학자 출신의 4선의원인 김종인은 박정희 정부 시절 경제사회개발
5개년 계획 입안에 참여하면서 의료보험제도를 최초로 도입했다. 전두환 정권에서는
민주정의당 국회의원으로 1987년 제9차 헌법개정 때 헌법 119조 2항 '경제민주화' 항목을
요구해 관철시켰다. 노태우 정권에서는 대통령 경제수석비서관으로 부동산 투기 억제를 위해
아파트 분양가 상한제를 도입했고 이후 보건사회부 장관을 역임했다.
하지만 1993년 당시 안영모 동화은행장에게 2억1,000만원을 받은 혐의로
구속 기소돼 국회의원직을 상실했다. 그의 조부는 일제강점기 때 인권변호사로 활동하고,
정부 수립 뒤 초대 대법원장을 지낸 김병로다.
_2012년 1월 10일 방송

박종진　　"자기들이 엉망으로 만든 것을 치유해달라고 해서 방문 치료까지 왔는데 치료를 안 받겠다면 죽을 수밖에 없는 것 아니냐?" 최근 김종인 한나라당 비대위원이 인터뷰한 내용입니다. 방문 치료 와달라고 해서 집으로 찾아가 치료하려는데 이를 거부하면 의사는 어떻게 해야 합니까?

김종인　　그러면 별수 없는 거죠.

박종진　　집으로 돌아가겠다는 이야기죠? 다시 말해 비대위원을 그만둘 의향도 있다는 겁니까?

김종인　　비대위원이라는 게 대단한 자리라고는 생각하지 않는데 일단 쇄신 작업을 하기 위해 왔기 때문에 책임은 통감하고 있습니다. 그

런데 쇄신이 이루어질 수 있다는 희망 자체가 보이지 않으면 제가 굳이 이곳(비대위)에 있을 필요가 없다고 생각하는 거예요.

박종진 김문수 경기도 지사, 홍준표·정몽준 전 한나라당 대표가 "김종인 교수는 비대위원에서 물러나라"*라고 말한 것에 대해 솔직히 기분 나쁘시죠?

김종인 그 사람들 나름대로의 이해관계가 얽혀 있다 보니 표면적으로는 비대위 활동을 지지하는 것 같지만 은근히 비대위가 안 됐으면 하는 사람들이기 때문에 그럴 수 있다고 판단하고 있는 거예요.

박종진 전당대회 돈봉투 살포 사건, 과거에도 있었습니까?

김종인 과거에는 그런 소리를 들은 적이 없는데, 당 대표를 선출하는 과정에서 경선에 참여한 사람들이 무리해서 대표를 만들려다 보니까 그러한 사태가 벌어지지 않았나, 라는 생각을 합니다.

박종진 원래 대표가 돼서는 안 될 인물을 대표로 만들려고 했다는 말씀이십니까?

김종인 일부 계파에서 자기네들이 미는 대표가 당선돼야 한다는 절박감에 사로잡혀 조금만 돈을 쓰면 되지 않을까, 하는 생각에서 했겠

---

* 정몽준·홍준표 전 한나라당 대표와 김문수 경기도지사는 2012년 1월 8일 "박근혜 비상대책위원장은 김종인·이상돈 비대위원을 사퇴시키는 결단을 내려야 한다"라고 촉구했다. 이들 세 사람은 이날 오후 서울 인사동에서 비공개 회동을 갖고 "권력형 부패 전력이 있거나 국가 정체성과 관련해 문제가 있다는 지적을 받은 일부 비대위원들이 계속 활동하면 혼란을 초래하므로 박 비대위원장의 용단이 필요하다"라고 의견을 모았다. 이는 1993년 뇌물수수 혐의로 구속됐던 김종인 위원과 2010년 천안함 피격 사건이 북한 소행이 아닐 수도 있다는 취지의 글을 썼던 이상돈 위원을 겨냥한 것이다. 앞서 김 위원과 이 위원은 전직 당 대표들을 비롯한 이명박 정부 실세들의 용퇴론을 제기했다.

죠. 예를 들어 국회의원 선거에 출마한 사람들이 내가 이 돈을 안 쓰면 낙선할지도 모르니까 떨어지고 후회하느니 돈을 쓰더라도 일단 당선부터 되고 보자는 심리와 똑같지 않나, 라는 거죠.

박종진 이번 기회에 돈봉투 정치, 돈 먹는 정치문화 이런 것들을 검찰이 바꿔야 한다고 생각하지 않으십니까?

김종인 검찰이 철저하게 파헤쳐줬으면 좋겠지만, 검찰이 결론을 내리기 전에 그런 문제에 관련된 정치인들이 책임을 통감하고 스스로 결단을 내려야 한다고 생각합니다.

박종진 '결단'의 의미는 물러나라는 거죠?

김종인 정치적으로는 그렇죠.

연말 대선 이슈
경제 문제가 될 것

박종진 이력이 대단하십니다. 거의 모든 대통령들의 존경을 받으셨어요. YS 빼고는 박정희, 전두환, 노태우, 김대중, 노무현 정부까지 다 김 비대위원님을 모시려고 했습니다. 왜 그랬다고 생각하십니까?

김종인 스스로 대단한 사람이라고는 생각해본 적이 별로 없어요. 솔직하게 말씀드리자면 확신이 없는 일은 덤벼들지 않아요. 그리고 일을 한번 시작했다 하면 확신을 갖고 끝까지 관철시킵니다. 그런 부분을 높이 평가해 저를 쓰고자 한 게 아닌가, 라고 생각합니다.

박종진 그것 하나 때문만은 아닐 것 같아요. 김 비대위원님이 갖고 있는 경제에 대한 구상, 계획 이런 것들이 나라의 발전과 맞다고 생각했기 때문이 아닐까요?

김종인 　어떤 특정 상황에서 이 사람을 데려다 일을 시켜보면 효과가 좋지 않겠나, 라고 생각했을 수도 있겠죠.

박종진 　경제학자로서 어떻게 해야 우리 경제를 살릴 수 있을지 한 말씀 해주세요.

김종인 　우리나라 경제가 아직 죽은 것은 아니니까 살린다는 말에는 어폐가 있는 것 같습니다. 지금 우리나라의 경제구조는 상당히 왜곡된 상황에 처해 있습니다. 통계조사 결과에도 나오고 있습니다만, '나는 하층민이다'라고 생각하는 국민이 45%나 되지 않습니까? 이것을 하루빨리 해결하지 않으면 우리가 지금까지 이룩한 경제 효율도 잃을 수 있고 정치민주화도 제대로 달성할 수 없는 상황이 생길 수 있습니다. 그러니까 그런 부분에 역점을 두고 정치, 경제, 사회의 균형발전을 위해 정책을 전환하는 게 필요하다고 생각합니다.

박종진 　부동산 같은 경우에는 너무 침체되다 보니까 원인에 대한 분석이 여러 가지 나오고 있지 않습니까? 어떻게 생각하십니까?

김종인 　'부동산 경기가 침체돼 있다. 그러니까 부동산을 다시 한 번 부양하기 위해 대책을 세우자'라고 한다면 또다시 어려운 상황에 봉착할 수밖에 없습니다.

박종진 　요즘 밖에 나가면 전부 경제 이야기뿐이에요.

김종인 　살기가 어려워지니까 사람들이 자연히 경제 문제에 관심을 갖게 되는 거죠. 노무현 전 대통령의 경우도 국민들이 '저 분이라면 양극화를 해소해줄 수 있겠다'라고 생각해서 뽑아준 거지 않습니까? 그런데 막상 집권하자 '권력을 시장에 빼앗겼다'라면서 자신을 지지해준 서민들을 만족시키는 정책을 제대로 펴지도 못하고 오히려 양극화만 심화시켰어요.

박종진　부동산 가격만 많이 올렸죠.

김종인　그래서 국민들이 이번에는 '경제 대통령'을 자처하는 이명박 후보를 뽑았는데 경제가 나아지기는커녕 더 어려운 상황에 빠졌단 말이에요. 그러니까 올 연말 대선에서도 '경제를 누가 어떻게 해줄 것이냐'라는 것이 큰 이슈로 작용하지 않을까, 생각합니다.

박종진　YS 빼고는 역대 대통령 모두와 일을 하셨잖아요. 제일 마음에 드는 대통령이 누구였습니까?

김종인　글쎄요. 전두환 대통령 때는 11대, 12대 국회의원을 했고 노태우 대통령 때는 경제수석이었는데 이분들이 다 특색을 가지고 있어요. 어떻게 보면 꽉 막혀 있는 것처럼 보이지만 제가 본 바로는 스스로의 주장도 물리칠 줄 알고 남의 의견도 받아들이는 분들이세요. 그런데 우리나라 정치인들은 대통령 앞에만 가면 제대로 이야기를 안 하려고 해요. 그렇기 때문에 실질적으로 잘못된 정책 결정을 하는 경우가 많습니다. 그러나 확신을 가지고 설명을 해서 설득하면 수용할 자세를 가진 분들이라 어느 분을 딱 정해 이분이 제일인 것 같다고 말씀드리기에는 어려운 것 같습니다.

박종진　인간적으로는 어느 분이? 이것도 답이 똑같습니까?

김종인　다른 분들과는 인간적으로 접촉을 많이 안 해봤고 노태우 대통령은 직접 모셨기 때문에 그분하고 가장 가까웠다고 말씀드릴 수 있을 것 같네요.

동화은행 뇌물수수 사건
해명하지 않는 까닭

박종진　　친이계에서 계속 발목을 잡고 있는 동화은행 뇌물수수 사건*
에 대해 김 비대위원님이 억울해하시는 것으로 알고 있는데요. 진실을
이 자리에서 밝혀주시죠.

김종인　　굳이 설명하거나 해명하고 싶지도 않아요. 제가 당시 전국
구 후보였고 어느 정도 선거자금을 지원해줘야 할 처지에 있었기 때문
에 지원한 것인데 그것을 뇌물이라고 하니까. 제가 그때 "옛날 같으면
삼족을 멸할 큰 죄를 지은 것 같은데 이 정도여서 다행이다"라는 이야
기를 했습니다.

박종진　　조금 억울한 부분이 있다는 말씀이시죠?

김종인　　어떻게 보면 억울하다고도 이야기할 수 있죠.

박종진　　정치 투쟁에 휘말린 사건이었다?

김종인　　정치 상황이 그렇다 보니 제가 감내할 수밖에 없다고 생각
합니다.

박종진　　리더의 자질로서 도덕성이라는 게 매우 중요하다고 하지 않
습니까? 그러나 도덕성이 우선시되다 보니까 상대적으로 능력이 평가
절하되는 부분도 있습니다. 나라를 이끌어가는 데 어느 것이 더 중요

---

* 노태우 정부 시절 청와대 경제수석비서관이었던 김종인은 1993년 동화은행 비자금 조성 및
뇌물수수 사건으로 1심에서 징역 5년을 선고받았다. 그는 비자금 사건 공판에서 "당시 안영
모 동화은행장으로부터 2억여 원을 받은 것은 사실이나 이는 연말연시에 인사치레 또는 정치
후원금 명목으로 받은 것이지 특혜를 주는 대가로 받은 뇌물이 아니다"라고 주장했다.

하다고 생각하십니까?

김종인   가장 좋은 것은 도덕성도 갖추고 능력도 있는 거죠.

박종진   그렇게 되기가 쉽지 않죠.

김종인   저는 개인적으로 정직이 가장 중요한 덕목이라고 생각합니다. 하지만 지금 우리나라 상황에서는 도덕성보다 나라를 제대로 이끌 수 있는 능력이 더 중요하지 않을까요?

박종진   박근혜 비대위원장이 비대위에 부른 거죠? 두 분이 어떤 특별한 관계였나요?

김종인   특별한 관계는 아닙니다. 저는 이번에 뽑을 대통령이 굉장히 중요한 역할을 할 시점에 있다고 봅니다. 대통령이 될 사람은 대통령으로서의 조건을 갖추고 있으면서도 준비 역시 철저히 되어 있어야 한다고 보는데, 박 비대위원장이 지난 2007년 한나라당 대선 후보 경선에서 패배하고 난 다음 성숙하게 승복하는 모습을 보여서 정치인으로서 능력이 입증되지 않았나, 그렇게 생각합니다. 저는 이번에 대통령이 될 분은 물질이나 권력에 대한 탐욕이 없는 분이면 좋겠습니다. 그런 측면에서 볼 때 그분이 탐욕을 가질 그런 사람은 아닌 것처럼 보인다는 거죠. 그다음 중요한 요건이 우리나라의 갈등구조를 제대로 해소하려면 기득권층으로부터 자유로워져야 한다는 것입니다. 쉽게 말해 경제 세력으로부터도 자유롭고 이익집단으로부터도 자유로워져야 우리 사회의 문제를 보다 과감하게 해결할 수 있지 않겠느냐는 것이죠. 그런 측면에서 박 비대위원장이 비교적 자유로운 분이고 대통령 후보로서 선호도도 있었기 때문에 비대위에 참여하게 된 것입니다.

박종진   '박근혜 대통령', 이런 느낌이 딱 옵니까? 그 느낌이 몇 %나

됩니까?

김종인   70~80%는 가능하지 않겠나, 이렇게 보고 있습니다.

박종진   박근혜 비대위원장과 싸울 수 있는 후보로 안철수 원장이 거론되고 있지 않습니까? 안 원장의 멘토로도 잘 알려져 있는데요. 안 원장이 이 방송을 보면 조금 서운해할 것도 같은데 어떠세요?

김종인   아니, 서운해할 필요가 없어요. 저는 안 원장이 정치인으로서의 수업이 조금 더 필요하다고 생각합니다. 정직하고 자기 나름대로의 소신도 있는 분입니다만, 그래도 우리 사회의 지도자가 되려면 민주주의 의사결정 과정이 어떻게 이루어진다는 것 정도의 수업은 받았어야 하지 않을까, 하는 생각을 합니다.

박종진   그런데 안철수 원장도 물질에 대한 탐욕이 없어 보이고 기득권층으로부터도 자유롭지 않습니까?

김종인   그런 측면에서는 그렇죠.

박종진   게다가 새로운 인물 아닙니까? 젊은 층에겐.

김종인   젊은 층은 늘 새로운 것을 추구하다 보니까 안 원장을 지지하는 것 같은데 조금 전에도 말씀드렸듯 한 국가를 이끌어가려면 전체의 조화를 어떻게 이루어갈 것인가에 대한 확고한 신념이 있어야 합니다. 단순하게 기업경영을 했던 사람이나 국회를 제대로 인식하지 못하는 사람은 대통령 자리에 가면 상당히 답답해지는 경우가 생겨요. 그러면 결국 권위적으로 될 수밖에 없고 나라를 제대로 통치할 수 없게 돼요. 그래서 제가 "국회에 들어가 의사결정 과정이 어떻다는 것을 체험하고 난 다음에 서울시장이나 다른 것도 할 수 있는 것이지, 단순히 행정 능력만 가지고 서울시장이 될 수 있다는 생각은 안 하는 게 좋다"라는 말을 한 적도 있어요.

박종진   뇌물수수 사건을 거론하며 친이계 쪽에서 물러나라는 이야기를 들었을 때, 솔직히 김 비대위원님 입장에서는 아쉬울 게 없지 않습니까? 비대위원이 월급을 받는 것도 아니고. 저 같으면 박 비대위원장한테 "저 못 하겠습니다"라고 이야기했을 것 같은데요. 박 비대위원장이 잡던가요?

김종인   제 나름대로 확신이 있었기 때문에 비대위에 간 겁니다. 한국 사회는 정당이 제대로 기능을 해서 나라를 끌고 가야 발전할 수 있는데, 지난번 서울시장 선거로 인해 어떤 의미에서 보면 제도권 정당이 다 무너져버렸어요. 박원순 시장이 당시 무소속이었는데 야권 단일 후보 경선에서 민주당 후보인 박영선 의원을 누르고 승리하며 민주당은 존재 의미를 상실해버렸죠. 그때 제가 이런 이야기를 했습니다. "이번 시장은 박원순이다. 한나라당은 10월 26일에 그것을 확인하게 될 것이다"라고요.

박종진   예언을 하셨네요.

김종인   네. 제도권에 있는 두 당이 무소속 후보한테 다 패하고 만 상황이기 때문에 이 사람들이 다시 태어나지 않으면 정당으로서의 기능을 제대로 하기 쉽지 않다고 본 거죠. 우리가 지금 정치민주화가 된지 올해로 만 25년입니다. 1987년에 됐으니까요. 그동안 세대가 많이 변했어요. 변화를 요구하는 20~40대를 등지고는 정치를 할 수가 없어요. 그들에게 어떻게 적응하느냐 이것이야말로 제도권 정당들이 풀어야 할 과제가 아닌가, 생각합니다.

박종진   한나라당의 미래를 위해 조언 한마디 해주시죠.

김종인   한나라당이 정말 정당으로서 새롭게 위치를 확보하려고 한다면 변화하는 국민의 의식을 냉철하게 판단하고 순응하는 정당으로서의 기능을 수행하는 것이 굉장히 중요하다는 이야기를 하고 싶습니다.

박종진   소통해야 되겠죠?

김종인   국민 개개인을 찾아다니면서 소통할 수는 없고, 국민이 바라는 것을 정책적으로 실현시켜주면 저절로 소통되게 돼 있어요.

박종진   요즘 보수냐, 진보냐 하면서 워낙 다투고 있지 않습니까? '보수'라는 말을 한나라당에서 좀 빼야 한다고 주장하는 분들도 있죠?

김종인   그 보수라는 말을 저는 그렇게 생각해요. 1989년 베를린 장벽이 무너지면서 전 세계적으로 이념 논쟁이 거의 사라지다시피 했습니다. 그런데 우리나라의 경우에는 6·25전쟁 등 격동의 세월을 거치는 과정에서 보수와 진보로 나눠졌는데 그것을 국민들이 대단한 개념이라고 생각하지 않는 것 같아요. 특히 20, 30대는 그런 것을 잘 알지도 못해요. 무엇 때문에 충돌해야 되는지도 모르고 있고. 그렇다면 결국 앞으로 우리나라를 이끌고 갈 세대들의 의식에 따라줘야 되지 않겠나, 하는 이야기입니다. 보수라는 말이 나오면 이것을 '꼴통'으로 생각하는 사람들이 있어요. 결국 국가를 이끌어가는 것은 양쪽을 다 아우르면서 갈 수밖에 없는 것인데 굳이 그 표현 자체를 그렇게 써야 할 필요가 있을까요? 보수의 기본 가치를 유지할 사람들은 그 가치를 유지하면 되는 것이지 그 단어를 쓰느냐, 안 쓰느냐에 민감하게 반응할 필요는 없다고 봅니다.

박종진   김 비대위원님은 어떻습니까? 말씀 들어보니까 진보 쪽에 더 가까운 것 같은데요.

김종인　변화를 추구한다는 측면에서 보면 진보라고 할 수도 있고, 원래 지켜야 할 가치를 그대로 끌고 가자는 점에서는 보수라고 볼 수도 있고 그렇습니다.

박종진　그러니까 보수든, 진보든 간에 그런 이념을 뛰어넘는?

김종인　지금 시대가 그런 상황이 됐어요. 진짜 제대로 일을 할 사람이라면 좌뇌도, 우뇌도 발달해야 되는 것 아니겠어요? 이제는 시대가 바뀌었기 때문에 그런 것에 너무 집착하지 말자는 이야기입니다.

박종진　나오기 힘드셨을 텐데 이렇게 자리해주셔서 대단히 고맙습니다. 열한 살에 아버지를 여의고 청계천 판잣집을 전전하던 소년이 있었습니다. 그는 상고를 졸업하고 은행에 다니면서 야간에는 독학으로 공부해서 행정고시에 합격하고 마침내 차관까지 올랐습니다. 바로 엊그제 임명된 김동연 기획재정부 차관의 이야기입니다. 그의 소원은 '죽어서 아버지를 만나면 내가 이렇게 아버지 없이도 열심히 살았노라고 말하는 것'이라고 합니다. 눈물이 핑 돕니다. 저도 어린 시절 아버지를 잃었는데 오늘은 아버지가 더욱더 그립습니다.

　　2012년 3월 말 김종인은 "할 일을 다 했다"라며 비대위원직을 사퇴했다. 그는 비대위원을 사퇴하는 과정에서 "경제민주화가 뭔지 새누리당 공천자들이 잘 모르는 것 같다", "그 역할을 할 만한 마땅한 사람도 없다"라고 강한 어조로 비판했다. 4·11총선이 끝난 뒤 독일로 떠났던 그는 지난 8월 박근혜 대선 후보 캠프에 합류해 국민행복특위 위원장을 맡으며 새누리당 대선 핵심 공약인 경제민주화 공약을 총괄하기로 했다.

내가 만난
김종인

"경제민주화가 무엇입니까?" 내가 물었다. "정치민주화는 무엇입니까?"
그가 내게 되물었다.
그러고는 그가 대답했다 "정치민주화가 독재로부터 해방되는 것을
의미하듯 경제민주화도 독재로부터 해방되는 것이 아니겠습니까?"
이어서 그는 "경제민주화가 되려면 그룹 오너 한 사람의 의사결정이
경영 전반에 결정적인 역할을 하는 구조에서 벗어나야 한다.
이를 위해 사외이사나 감사 등 임원들이 오너 눈치나 보는 형식적인
역할이 아니라 실제로 제 역할을 할 수 있는 민주적인 의사결정
시스템을 하루빨리 만들어야 한다"라고 설명했다.
김종인 전 청와대 경제수석은 독일 유학파로 북유럽식 경제개혁을
추구하고 있다. 그는 박정희 전 대통령 이후 여야를 가리지 않고
대부분의 정부에서 장관, 국회의원 등 경제 전문가로 일해왔다.
그런데 왜 과거에 힘이 있었을 때 경제민주화를 이루지 못했을까?
대화 도중에 무언가 강한 의지가 읽혀졌다. "확신이 없는 일에는
덤벼들지 않는다"라는 말로 짐작컨대 이번엔 뭔가 일을 낼 것 같았다.
그와의 대화에서 연륜과 용서, 넓은 마음……, 이런 것도 느꼈다.
자기를 비판하는 사람들을 결코 미워하거나 비난하지 않았다.
오히려 그런 사람들을 이해했다.
박근혜 전 비대위원장이 한때 야당 인사였던 그를 왜 끝까지
중용했을까? 외부 인사들뿐만 아니라 내부 인사들까지도 비판하는
그를…….
분명 무슨 일이 일어난다. 방송 후 그는 박근혜 대선 캠프의 중책을 맡아
정계에 복귀했다.

김경재

"
이제는
인간 노무현과
화해하고 싶다
"

선거 전날 밤 갑자기 정몽준 의원이
노무현 후보 단일화 지지 철회를 선언했지요.
당시 일을 고백하자면 그것을 이용해 노 후보를
정 의원 집 앞에 몇 시간씩 서 있게 하고
다음 날 김해 선산을 찾아가 초라한 모습으로
성묘하도록 한 일련의 연출을 제가 했습니다.
그래서 대선에서 기적처럼 승리했습니다.
노 후보의 대통령 당선이라는 게 제게는 대리만족이었습니다.

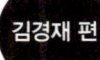

전남 순천 출신으로 서울대 정치학과를 졸업한 김경재는 15, 16대 국회의원을 지냈다.
박정희 정권의 탄압을 피해 15년 동안 미국에서 망명할 당시 '박사월'이라는 필명으로 쓴
『김형욱 회고록』이 베스트셀러가 되면서 유신체제를 뒤흔드는 결정적 계기를 제공했다.
1987년 6월항쟁 이후 지속적으로 '김대중 대통령 만들기'에 헌신해 결국 성공시킨,
DJ의 최측근으로 불린다. 그러나 DJ의 햇볕정책을 비판하는 등
당내 좌편향적 행태에는 영합하지 않았던 그는 2012년 1월 20일 박계동 등
전직 의원 다섯 명과 함께 국민생각에 입당했다.
_2012년 1월 25일 방송

박종진   김대중 전 대통령이 이분을 일컬어 '나의 정치적 아들'이라고 표현하기도 했습니다. 그랬던 분이 언제부터인지 민주당과 사이가 벌어지는가 싶더니 마침내 신당 국민생각에 입당했습니다. 김경재 전 민주당 최고위원을 모셨는데 그 이야기부터 안 할 수가 없겠죠. 김 의원께서는 "현 정당체제는 분노와 증오를 확산시키고 달콤한 약속을 남발해 군중을 모으는 사악한 권력 쟁탈 비즈니스다"라고 하셨어요.

김경재   네, 그렇게 표현했습니다.

박종진   "국민을 위하는 정당체제로의 개편이 시대적 요구라는 점에서 신당인 국민생각 참여를 결정했다"라고 하셨는데 그럼 그동안의 정당은 국민을 위한 정당이 아니었습니까?

김경재 _ 이제는 인간 노무현과 화해하고 싶다 **89**

김경재 　많은 정당들이 국민을 위해서라기보다 개인의 권력을 위해 모인 정당이라는 인상이 강했죠. 국민의 대부분이 정당 정치에 회의를 느끼는 것도 '지금의 정당체제 가지고는 안 되겠다'라는 생각을 갖고 있기 때문이 아니겠습니까.

박종진 　정계에 입문하셨을 때부터 계속 민주당에서 일하셨죠?

김경재 　네, 저는 김대중 선생이 처음 대통령 후보로 나왔을 때부터 40년 동안 민주당 당원으로 일했습니다.

박종진 　그게 1971년인가요?

김경재 　네, 그때는 공보비서였습니다. 이후 김대중 선생이 이국 땅에서 풍찬노숙(風餐露宿: 바람에 불리면서 먹고 이슬을 맞으면서 잠잔다는 뜻으로 객지에서 고생스러운 생활을 하는 것을 비유한 말-주)하면서 조국의 민주화를 위해 노력했던 그 시절 곁에서 큰형님처럼 모시며 많은 걸 배웠습니다.

박종진 　그때 목숨을 거셨죠? 두 번 망명하셨을 때?

김경재 　그랬습니다. 사실 많은 사람들이 민주화를 위해 기꺼이 목숨을 바쳤는데, 이국에서 (정보부) 요원들에게 쫓겨 생명의 위협을 느끼거나 졸작을 쓴 일은 그에 비하면 큰 희생이나 고난은 아니라고 생각합니다.

박종진 　졸작이라고 하셨지만 필명으로 쓰신 『김형욱 회고록』은 밀리언셀러가 됐죠.

＊『김형욱 회고록』은 5·16군사정변 이래 20년 동안 파란만장했던 한국사와 그 핵심 권력들의 치열한 사투를 그린 책으로, 김형욱 전 중앙정보부장의 증언에 따라 김경재가 재구성했다. 1985년 발행된 이후 국내는 물론 미국에서도 선풍적으로 읽힌 화제의 책이다.

김경재　300만 부가량 팔렸다고 합니다.

박종진　그거 쓰실 때 외압을 받진 않으셨나요?

김경재　두 번쯤 죽을 뻔했습니다. 지하철 승강장에 서 있다 누군가에게 떠밀려서 선로로 떨어진 적이 있어요. 뉴욕 지하철에서요. 물론 증거는 없죠. 그다음부터는 지하철 탈 때 절대 앞줄에 서지 않습니다. 벽에 기대고 있죠.

박종진　지금도 그러십니까?

김경재　그렇습니다. 그래서 그 후의 삶은 덤이라고 생각합니다.

박종진　또 죽을 뻔했던 건 언제인가요?

김경재　다 뉴욕에서였어요. 김형욱 부장이 (회고록 출고) 막바지에 외압 때문에 자신의 동의 없이 절대 책을 내지 않겠다는 각서를 써달라고 해서 버티다가 할 수 없이 써줬습니다. 나중에 보니 그 각서가 김재규 부장의 서랍에서 나왔습니다. 사실입니다.

박종진　그러면 박정희 정부가 시킨 거네요? 김재규가 당시 중앙정보부장이었으니까.

김경재　김형욱을 진정시키려고 한 공작의 최고책임자였으니까요. 제가 7,000장짜리 원고를 한때 동아일보에 '김형욱 최후의 나날'이라는 제목으로 연재했는데, 당시 남시욱 편집국장이 목숨 걸고 네다섯 번 게재하다 중앙정보부의 압력을 받고 결국 중단했습니다. 아무튼 그 책에 등장하는 인물 중 아직도 활발하게 활동하는 분이 700여 명 됩니다. 그런데 출간 이후 책이 엉터리다, 틀렸다고 주장하는 사람은 단 한 명도 없었습니다. 그래서 저는 김형욱 씨가 희생을 무릅쓰면서 상당히 솔직하게 증언했다고 생각합니다.

박종진　증언을 다 받아 적으셨고요?

김경재　받아 적고 잘못된 건 제가 지적하고 때론 그 양반과 싸움도 하며 그 작품이 나왔습니다.

DJ 햇볕정책 반대한
진짜 이유 따로 있다

박종진　"김경재는 나의 정치적 아들이다". 김대중 전 대통령이 그렇게 말씀하셨는데, 왜 정치적 아버지를 배신하셨습니까?

김경재　배신한 적은 없습니다.

박종진　DJ 정부의 햇볕정책에 반대하셨죠? 그래서 민주당으로부터 등을 돌리신 겁니까?

김경재　반대한 것이 아니라 당시에는 북한하고 (소통할) 채널이 없었습니다. 서로 대립하는 두 국가 간에 채널이 없으면 이게 가장 위험한 상태입니다. 서로 대치하고 있는 상황에서 최소한의 소통 채널이 있어야만 기습 도발이나 전쟁 같은 최악의 사태가 벌어지지 않습니다. 그래서 제가 여러 방법으로 북한을 돕는 재단을 만들어서, 물론 정부에서 다 만들어준 거죠. 재단 의장 자격으로 우리 측이 보낸 쌀이 제대로 배포됐는지 여부를 확인한다는 명분으로 북한에 갔습니다. 분단 50년 만에 북한을 최초로 공식 방문한 대한민국 국회의원이죠. 7박8일 동안 평양을 누비고 다니면서 일반 시민부터 엘리트까지 많은 북한 사람들을 만났습니다.

박종진 　김대중 전 대통령을 배반한 건 아니에요?

김경재 　물론 제가 부여받은 임무는 다 했습니다. 한국으로 돌아와서 당시 임동원 통일부 장관한테 북한에 대한 전반적인 인상을 설명했어요. 그리고 임 장관이 들어서는 안 될 몇 가지 기밀사항을 대통령께 직접 보고드리면서 제가 그랬죠. "북한에 갔다 와보니까 김정일이라는 사람에 대해 굉장한 분노가 생겼습니다"라고요. 대통령께서 "왜 그랬어?"라고 물으셨는데……. 아무리 좋은 이데올로기를 가지고 있다 할지라도 국민들을 굶긴다면 무슨 소용이 있습니까?

박종진 　맞습니다.

김경재 　저는 춘하추동의 햇볕이 다르듯 햇볕정책도 '당근'과 '채찍'을 지혜롭게 구사하는 탄력성을 보여야 한다고 생각합니다. 그런데 북한에 무조건 퍼준다는 입장을 취하면 받는 사람들이 감사하게 생각하지 않고 오히려 자기들한테 조공을 바치는 것처럼 생각한다는 게 느껴졌어요. 제가 북한에 간 첫날 저녁식사 자리에서 당시 노동당 중앙위원인 김경락과 논쟁을 벌였어요. 우리 대통령의 햇볕정책을 설명하니까 그가 비웃으면서 "우리 공화국은 김일성 수령이라는 위대한 태양이 모든 곳을 구석구석 비추기 때문에 그늘진 곳이 전혀 없습니다. 그런데 남조선의 햇볕정책은 직사광선이어서 그늘진 곳이 많습니다"라고 조롱하더라고요. 그래서 제가 "아니, 김 선생, 북한 주민들의 기아 문제를 돕기 위해 천 리 길도 마다않고 왔는데 우리 대통령의 햇볕정책을 조롱하면 나하고 대화가 단절되지 않습니까?"라고 했더니 김경락 씨가 "여보시오, 의장, 당신이 여기 오는 길에 만수대의 우리 김일성 수령 동상에 참배 안 하지 않았소?"라고 하기에 제가 좋게 이렇게 말했죠. "나는 남북이 화해하고 잘되기를 원하는 운동에 참여하고 있는 사람입니다. 그런데 김일성 동상에 참배하면 돌아가서 설명하기가 어렵습니다. 통일운동을 원활하게 할 수 있도록 하기 위해 나를 강제하지 마십시오"라고요. 그래서 제가 끝끝내 김일성 동상에 참배를 안 하고 온 사람입니다. 대통령이 남북정상회담을 서두르시니까 북한 사람들은 "노벨평화상을 받으려고 그러는 거다"라고 곡해하더라고요. 이런저런 일을 대통령께 설명드렸더니 "자네가 지금 갔다 와서 그런 말만 하면 어떻게 하나?"라고 하시더라고요.

박종진   화를 버럭 내셨습니까?

김경재   원래 큰형님이 하는 식으로 말씀하시니까요. 그래서 '아, 이게 위기다'라고 생각하면서 1분 동안 더 말씀드렸더니 일어나셔서 "수고했어"라며 딱 들어가시더라고요. 그 뒤에 상하이에서 송호경인가 하는 사람 만나는 일을 당시 박지원 비서실장이 하지 않았습니까? 제가 그 역할을 안 한 것을 다행으로 생각합니다. 박 전 비서실장이 그 일 때문에 감옥도 몇 년 갔다 오지 않았습니까?* 저는 궁극적으로 통일은 해야 한다는 입장이지만 북한에 일방적으로 끌려다니는, 그런 태도

---

* 1970년대 미국에서 만난 박지원과 김경재는 각각 사업가와 언론인으로 인연을 맺었다. 이후 김경재는 김대중 전 대통령의 미국 망명 시절 박지원을 DJ에게 소개했고 함께 현실정치를 배웠다. 그러나 김경재는 1999년 11월 DJ의 특사로 방북한 뒤 김정일 국방위원장에 대한 부정적 견해를 전하며 DJ와 결별했다. 반면 박지원은 2000년 3월 송호경 조선아시아·태평양평화위원회 부위원장과 중국 상하이에서 비밀 접촉, 같은 해 6월 남북정상회담을 성사시키며 DJ의 충신으로 권력의 중심에 섰다. 하지만 참여정부 대북특검 때 현대 측에서 대북사업 협조 명목으로 150억원을 받은 혐의로 구속됐다. 비자금을 조성한 당사자로 지목된 정몽헌 현대아산 회장은 투신 자살하며 충격을 줬다. 이후 150억원 수수 부분은 대법원에서 무죄가 확정됐다

에서는 벗어나야 한다고 생각합니다. 김 전 대통령의 대북정책에 대해 우파적 입장을 취한 것이지 대통령하고 어긋난 것은 절대 아닙니다.

박종진　　그때 그 말만 안 했으면 장관도 하셨겠네요?

김경재　　장관 내정 통보를 받은 적이 있습니다만, 다른 일 때문에 취소됐습니다.

박종진　　남북정상회담에서 박 전 비서실장이 한 역할을 맡게 됐을 확률도 높았고요?

김경재　　그건 운이 있는 사람이 하는 것이고. 김 전 대통령이 민주화 운동을 할 때는 제가 일등 참모였다고 자부합니다만, 일단 권력을 잡았을 때는 또 다른 종류의 참모가 필요하지 않겠습니까? 그래서 박 전 비서실장 같은 사람은 조선시대로 치자면 승정원의 승지고, 저는 사간원의 관원으로 "전하, 이건 부당합니다" 하고 따지는 사람이니까 역할이 다른 거죠.

박종진　　박 전 비서실장과는 감정이 좀 안 좋으시겠습니다.

김경재　　사이가 썩 좋지는 않습니다만, 그분은 굉장히 영민한 사람입니다. 사고방식이 저보다 훨씬 더 자본주의적이라 절대로 좌파가 될 수 없다고 생각합니다. 개인적으로 잘되길 바랍니다만, 이번에 민주통합당 전당대회* 보니까 호남 세력의 대표 주자로서 상당한 모욕

---

* 2012년 1월 15일 치러진 민주통합당 전당대회에서 한명숙 후보가 새로운 당대표로 선출됐다. 대의원 투표 30%, 당원과 시민의 투표 70%를 집계한 결과 한명숙 후보는 24.05%의 지지로 1위를 차지했다. 2위는 16.68%를 기록한 문성근 후보가, 3위는 15.74%의 박영선 후보가 최고위원에 선출됐다. 박지원 후보는 11.9%의 득표율로 4위를 차지하며 호남주자로서는 유일하게 지도부의 일원이 됐지만 당의 전통적인 기반인 호남세력은 급격하게 위축되는 결과를 낳았다.

을 당하고 해서…….

박종진   고생도 많이 하셨죠.

김경재   그래서 개인적으로는 좀 연민의 정을 가지고 있고, 그럴 상황이 될지 어떨지 모르겠지만 우리 당으로 오신다면 적극 환영하겠습니다.

박종진   지금 정식으로 제안하신 거네요?

김경재   농담이 아닙니다. 거기 있어봤자 결국 호남 세력의 몰락으로 변방으로 내쳐지지나 않을까, 하는 생각입니다.

박종진   중도신당인 국민생각으로 오시면 원내대표 시켜주는 겁니까?

김경재   박세일 한반도선진화재단 이사장과 함께 양박체제를 만들어야죠.

박종진   아, 양박체제로 공동대표를 시키시겠습니까? 이럴 때 전화 연결을 해서 이 제안이 어떤지 입장을 들어봐야 하는데 말이죠. 아마 이 방송 보고 있으실 겁니다.

인간 노무현은
맑은 영혼을 가진 사람

박종진   노무현 후보를 대통령 만드는 데도 홍보위원장으로서 앞장서셨죠?

김경재   네, 자부합니다. 그랬습니다.

박종진　　그런데 왜 또?

김경재　　과거 하버드대에서 한 학기를 보낼 때 도올 김용옥의 집에서 더부살이를 했습니다. 그때 동양학을 연구하는 하버드대 옌칭 인스티튜트에서 우연히 제 족보를 보게 되었는데 선조가 전부 왕하고 싸우다가 쫓겨나거나 유배당한 사람들이더라고요.

박종진　　아, 경주 김씨가요?

김경재　　네.

박종진　　경주 김씨라면 왕가 아닙니까?

김경재　　신라 때는 왕손이었지만 고려나 조선시대에 와서는 저항 세력의 수장 같은 걸 주로 하셨더라고요. 제가 그런 선조들의 피를 이어받았는지 모든 사람들이 노무현 후보가 대통령으로 당선되기 힘들다고 할 때 저와 이상수, 정대철, 이해찬 의원 등 몇 사람이 모여 "혹시 안 되더라도 제1야당으로 힘을 갖기 위해 열심히 밀어야 한다"라고 했습니다. 그런데 막판에 많은 사람들이 빠져버리고 결국 이상수 의원과 함께 끝까지 노 후보를 밀었습니다. 그런데 선거 전날 밤 갑자기 정몽준 의원이 노무현 후보 단일화 지지 철회를 선언했지요. 당시 일을 고백하자면 그것을 이용해 노 후보를 정 의원 집 앞에 몇 시간씩 서 있게 하고 다음 날 김해 선산을 찾아가 초라한 모습으로 성묘하도록 한 일련의 연출을 제가 했습니다. 그래서 대선에서 기적처럼 승리했습니다. 노 후보의 대통령 당선이라는 게 제게는 대리만족이었습니다. 마치 제가 당선된 것처럼 기분이 좋았는데…….

박종진　　당선시키셨네요, 진짜.

김경재　　그런데 민주당 소속으로 대통령에 당선된 양반이 갑자기 당을 새로 만들겠다는 거예요. 이 양반이 의원들 데리고 다니는 걸 싫어 하는데 미국에 갈 때 유일하게 수행한 현역의원이 바로 저였습니다. 제가 뉴욕 현지에서 "민주국가에서 자신을 당선시킨 당을 깨는 것은 전무후무하다"라고 했더니 이 양반이 몇몇 의원을 거명하면서 "나, 그 사람들 꼴 보기 싫어서 같이 못 하겠다"라는 거예요. 그래서 이런 이야 기를 했습니다. "대통령님, 정당에는 악마의 발톱부터 천사의 이마까 지 있는 겁니다. 별의별 사람이 다 있습니다"라고요.

박종진　　받아 적어야 돼요. 악마의 발톱부터 천사의 이마…….

김경재　　정당 역시 인간세상의 축소판인데 어떻게 모두 마음에 드는 사람하고만 일할 수 있겠습니까? 공천에서 선의의 영향력을 행사해 서 보기 싫은 사람 열 명 중 다섯 명을 적당히 떨어뜨리면 나머지 다섯 명이 출마한다고 해도 거기서 또 몇 명은 떨어질 것 아닙니까? 그렇게 정리하면서 더 많은 다수를 끌고 가는 것이 정치인 거지 자신이 꼴 보 기 싫다고 다 버리면……. 이것이야말로 북한에서 갑산파 쳐내고 연 안파 쳐내고 해서 김일성 주체사상 만드는 것과 다를 바가 뭐가 있겠 습니까? 그랬는데도 끝내 탈당하시더라고요.

박종진　　그래서 노무현 대통령하고 또 각을 지셨고요?

김경재　　그렇습니다. 당시 호남 유권자들이 제게 "당신, 노무현 따라 가면 선조 묘을 파버리겠다"라고까지 협박했어요. 그래서 제가 "아이 고, 그럴 리가 있습니까?" 하고 신당(열린우리당)에 안 갔어요. 정치라 는 것은 슬픈, 냉혹한 면이 있습니다. 지금은 다 지나간 일이고 후회도 하지 않습니다. 그리고 제가 대선 당시 노무현 캠프가 모 대기업으로 부터 대선자금 50억을 받았다고 폭로하니까 저를 명예훼손 혐의로 고소를 해서······.

박종진　노무현 전 대통령이요?

김경재　네, 제가 그 일로 11일 동안 구속된 적이 있습니다. 대한민국 헌정사에서 현역의원이 대통령을 명예훼손했다고 수감된 것은 제가 처음입니다. 그러니까 그때는 노 대통령이 약간 이성을 잃지 않았나 싶어요.

박종진　노무현 캠프의 홍보위원장을 하셨는데, 홍보위원장을 명예훼손죄로 구속시켰네요. 그런데 50억 받았다는 이야기는 왜 하셨어요?

김경재　그때 노 대통령이 이회창 후보와 비교하면서 "나는 돈을 요만큼도 안 먹었다"라면서 "이회창 후보가 받은 돈의 10분의 1이 넘으면 사퇴하겠다"라는 식의 어린애 장난 같은 논쟁을 했어요. 그래서 그것을 깨기 위해 "당신, 50억 받지 않지 않았소?" 이렇게 한 거예요.

박종진　완전히 뭐 먹으라고 한 거네요.

김경재　그렇죠. 그런데 연이은 보도에서 그것이 100% 사실이라는 게 드러났습니다.

박종진　50억 받은 건 확실한 거고요?

김경재　네, 당시 열린우리당 대선자금진상조사위원회의 모 의원이 자료를 저한테 갖다줬어요. 그런데 막상 일이 터지고 나니까 그 의원이 검찰에 가서 "나는 김 최고위원에게 종이 한 장 갖다준 적이 없다"라면서 발뺌을 하고 해외로 도주해버렸어요. 그러니 감옥에 앉아 있는 저로서는 재판에 적절히 대처할 수 없었고 마치 허무맹랑한 이야기를 한 것처럼 되어버렸습니다. 아무튼 세월이 지나 대통령직에서 물러나신 뒤 모 의원을 통해 "내가 김경재 선배하고 화해하고 싶은데 언제 차 한잔 마시게 배려해주시오"라고 하셨다는데 그 의원이 전한다는 걸 그만 깜빡 잊었다는 거예요. 그래서 제가 인간 노무현과 화해할 기회를 영영 잃었습니다.

박종진 돌아가신 다음에 봉하마을에 가셨어요?

김경재 못 갔습니다.

박종진 가고 싶은 생각은 없으세요?

김경재 많지요.

박종진 그러면 한 번 가서 화해하시죠.

김경재 그러고 싶은 마음은 많은데……. 저는 아직도 노 전 대통령이 굉장히 맑은 영혼을 가진 사람이라고 생각합니다. 적어도 대선에서 이긴 다음에는 정치자금을 받지 않았다고 믿고 있습니다.

박종진 선거 때는 받았어도?

김경재 선거 때는 많은 재벌들이 가지고 왔죠. 보험 드는 식으로.

박종진 아, 많은 재벌들이 돈을 갖고 왔습니까?

김경재 직접 돈을 본 건 아니지만 사람들이 그렇게 이야기하더라고요. 그러나 그 이후로는 재벌을 통한 거래나 이런 건 안 했다고 믿습니다. 한 가지 더 말씀드리고 싶은 것은 그렇게 도덕적으로 순수하고 깨끗하다는 입장을 취했던 분이 갑자기 퇴임 뒤에 여러 사건이 벌어지니까 자존심이 허락하지 않았던 것 같아요. 결벽성이 강했던 분이어서……. 지금도 개인적으로 회한이 많습니다.

박종진 그렇게 돌아가신 거에 대해선 다들 가슴 아파 하죠.

김경재 그런데 친노파들은 제가 앞장서서 노 전 대통령을 공격했다는 것 때문에 지금도 제게 많은 아쉬움을 표하는데……. 유감입니다.

박종진 역사에는 노무현 대통령 후보의 홍보위원장으로 기록돼 있습니다. 꼭 한 번 가셔서 눈물의 화해를 하시면 좋지 않겠습니까?

김경재 생각해보겠습니다.

박종진 국민생각에 입당하셨는데요…….

김경재 저는 보수와 진보는 함께 섞어서 초월할 수 있는 가치라고 생각합니다. 그래서 정치에서 소외되고 정치에 무관심한 사람들을 위해 보수와 진보라는 양극을 달리고 있는 정당 사이에 신당이 만들어졌고 그곳에 제가 들어간 것입니다. 저는 민주통합당이 잘되길 바랍니다. 그러나 호남 지역에서만큼은 민주통합당이 민주당의 정통적 가치를 계승한 정당이 아니라는 것을 설파해서 맞춤 공천으로 전남북과 광주에서 민주통합당을 이겨내는 저력을 보이겠습니다.

김경재의 바람과 달리 국민생각은 4·11총선에서 존재감조차 드러내지 못하며 선거를 위해 생겼다가 사라진 포말(泡沫) 정당이 되고 말았다. 김경재는 국민생각 1차 전략 지역 공천자 발표에서 서울 영등포을 공천을 받았다. 하지만 그는 공천에 반발해 탈당한 새누리당 전여옥(영등포갑)의 입당으로 영등포갑과 영등포을을 두고 저울질하다 고심 끝에 총선 출마를 포기했다.

내가 만난
김경재

'김대중 전 대통령의 정치적 아들', '중앙정보부 요원으로부터의 암살
위기를 두 번이나 넘긴 사람'……. 그에게선 역시 정치적 경륜이 깊게
느껴졌다.

그는 이날 방송에서 모든 정치적 입장을 떠나 국민들에게 자신의 모습을
솔직히 내보였다. 그리고 "현 정당체제는 달콤한 약속을 남발해
군중을 모으는 사악한 권력 쟁탈 비즈니스다"라며 썩은 정치권을
성토했다. 요즘 여야 정치권의 공천헌금 사태를 보면 적확한 표현이라
아니할 수 없다. 그는 솔직했으며 용기도 있었다. DJ의 햇볕정책을
반대했고 민주통합당의 좌편향적 태도를 강하게 비판했다.

그렇다면 새누리당(방송 당시에는 한나라당)과 입장이 같은 것은 아닌가,
하는 묘한 생각도 들었다.

그가 전라도 출신이 아니었다면 과연 민주당에 그토록 오래 머물렀을까.
그는 국민신당에 입당해 국가 발전을 위해 마지막으로 헌신하기를
바랐지만 그런 기회는 오지 않았다.

그런데 지난 5월 통합진보당의 폭력 사태로 당의 핵심지도부를 종북
세력이 장악한 사실이 알려지면서 김경재 전 의원의 과거 행보가
주목받고 있다. 그는 지난해 치러진 4·27 순천 보궐선거에서
김선동(현 통합진보당 원내부대표) 당시 민주노동당 후보를 겨냥해
북한 3대 세습 문제에 대한 입장을 피력해 줄 것을 누차 요청했으나,
김선동 후보는 이런 요구를 '색깔론'으로 치부했다. 김선동 후보의
이같은 역색깔론 공세에 김 전 의원은 고전을 면치 못했었다.
하지만 통진당의 폭력 사태를 계기로 김 전 의원에 대한 재평가
목소리가 인터넷을 뜨겁게 달궜다.

인명진

"
정부가
'프렌들리' 해야 할 대상,
기업이 아니라
서민이다
"

이명박 대통령이 취임하자마자 전경련을 찾아가
'비즈니스 프렌들리' 한다기에 가슴이 철렁했어요.
재벌이라는 것은 그냥 놔둬도 자기들이 알아서 잘해요.
누가 안 도와줘도 잘해요.
오히려 재벌들은 정부가 너무 간섭하면 귀찮다고 해요.
정부가 정말 도와줘야 할 대상은 재벌이 아니라
서민들이고 중소기업이에요.
중소기업이나 노동자들에게 '프렌들리' 해야지
왜 가만 놔둬도 잘하는 재벌을 '프렌들리' 합니까?

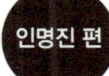

충남 당진 출신인 인명진은 해방신학에 기초한 도시산업선교회에서 1972년부터 12년간
총무로 활동했다. 선교회는 당시 재야 활동가였던 손학규 전 민주당 대표,
김문수 경기도지사 등의 활동 무대였다. 노동운동. 민주화운동 등의 이유로 네 차례 투옥됐고
한 차례 국외 추방된 경력을 갖고 있다. 그의 과거 인맥은 이른바 진보·좌파 인사들이다.
2006년 한나라당 윤리위원장을 맡으면서 당 쇄신과 이명박 정부 출범에 상당 부분 기여했다.
인명진은 때론 교계의 보수적 인사로 거론되기도 한다. 2011년 서울시장 재보궐선거에서
박세일 한반도선진화재단 이사장과 함께 이석연 전 법제처장을 보수 시민단체 후보로
추대한 바 있다.
_2012년 1월 27일 방송

박종진   한나라당 윤리위원장을 지냈지만 그 누구보다 한나라당을
독하게 비판하는 분이십니다. "정치인들이 국민 생각은 안 하고 박
씨, 이 씨 따라가고 손 씨 쫓아가다 이 모양이 됐다"라며 박근혜 비대
위원장에 대해선 "지금 가장 쇄신해야 할 사람은 박 비대위원장이다"
라고, 이명박 대통령에 대해선 "국민에게 좀 져야 되는데 4년 동안 한
번도 진 적이 없다"라고 날을 세우고 있습니다. 한나라당의 비판적 지
지자로 불리는 인명진 목사님을 모셨습니다.

인명진   안녕하십니까?

박종진   제가 기억하는 목사님은 진보적인 분이신데 어떻게 보수인
사를 대표하는 분이 됐는지 모르겠습니다. 현재 갈릴리교회 목사님이

시죠? 그런데 보수인사는 맞습니까? 정체성을 속 시원히 좀 밝혀주세요.

인명진　글쎄 말입니다. 저는 한 번도 스스로를 '보수'라고 생각해본 적이 없는데 다른 사람들이 그렇게들 말하니까 그런가 보다 하는 거죠. 사실 30~40년 전에는 저보고 '용공좌파'라고 그랬어요. 주변 사람들이 하도 그렇게 말하기에 집사람에게 "당신이 보기에도 내가 정말 빨갱이처럼 보여?"라고 물어봤어요. 그랬더니 집사람이 "나도 모르겠다"라고 대답하더라고요. 그러니까 저도 왜 제가 보수인사로 불리는지 잘 모르겠어요.

박종진　대학교 1학년 때 목사님을 처음 뵀는데 그때는 분명히 좌파로 만났던 것 같습니다.

인명진　그때나 지금이나 저는 달라졌다는 생각을 안 하는데, 세상이 변한 것 같아요. 저를 보는 사람들의 눈이 바뀌었다고나 할까요? 어떤 부분이 보수인지 모르겠지만 '우리 사회에서 정의를 이야기하고, 어려운 사람들의 편에 서고, 진실을 이야기하는 사람이 보수다'라고 한다면 저는 보수겠죠.

박종진　민주화운동 하다 감옥에도 가셨지요?

인명진　모두 네 번 갔습니다. 첫 번째는 1974년 긴급조치 1호가 발동됐을 때 김진용 목사 등과 함께 감옥에 들어갔습니다. 그다음에는 YH 사건 때 이를 배후조종했다는 이유로 갔고요. 재미있는 일로도 감옥에 한 번 갔는데……. 청주에 있는 교도소에 가서 설교를 하면서 성경 구절을 읽었어요. 그런데 그게 문제가 돼 긴급조치 9호 위반으로 감옥에 갔습니다.

박종진　　한마디로 코미디네요. 문제가 된 성경 구절, 지금도 혹시 기억하십니까?

인명진　　구약성경 미가서 2장에 나오는 건데, '이 못된 것들아, 밤새 못된 일을 꾸몄다가 날이 밝기가 무섭게 해치우는 이 악당들아'라는 구절입니다.

박종진　　그거 악당이 듣기에는 기분이 아주 나쁜 내용이네요.

인명진　　그때 교회 장로님이었던 검사가 저보고 계속 그 악당이 박정희 대통령을 가리키는 거 아니냐는 거예요. 그래서 제가 "그냥 성경에 있는 구절이다"라고 하자 그 사람은 아무리 읽어봐도 성경에 그런 말이 없다는 거예요. 그거야 저는 공동번역 성경을 읽었고, 그 사람은 개역 성경만 읽었으니까 거기에는 있을 리가 없죠. 결국 그 검사가 문제의 성경 구절을 기소장에 그대로 써서 기소했는데 교단에서는 난리가 났지요. 어떻게 하느님 말씀을 법정에서 재판하느냐고. 그 일로 징역 1년을 살았어요.

박종진　　그 성경 구절 때문에?

인명진　　그렇죠. 성경 구절 읽은 것 때문에 징역 1년 산 사람은 세상에 저밖에 없을 거예요, 아마.

박종진　　지금이라면 전 세계에 기사가 나요(웃음). 그런 사연도 있고 해서 지금 가장 쇄신해야 할 사람은 박근혜 비대위원장이다, 뭐 이런 말씀 하신 건 아니시겠죠?

인명진　　아니에요. '박 비대위원장이 박정희 전 대통령의 딸이어서 쇄신해야 된다'라는 것은 아닙니다. 우리 가족은 섭섭한 마음을 가지고 있을지 모르겠지만, 저는 개인적 관계 때문에 국가의 큰일에 영향을 줘선 안 된다고 생각해요. 지금 박 비대위원장이 여권의 유력한 대선 후보인데 자꾸 안철수 원장이나 이런 사람들한테 밀리잖아요. 밀린다는 이야기가 뭐겠어요? 박 비대위원장에게 뭔가 문제가 있으니까 자기 입으로 대통령 하겠다고 한 번도 말한 적 없는 사람한테 지는 것 아니겠어요? 그러니까 박 비대위원장이 쇄신해야 한다는 그 말은 '안 원장한테 지지율이 밀리는 것은 당신한테 뭔가 문제가 있기 때문이 아니냐. 그 문제점을 스스로 생각해서 고쳐라'라는 뜻이지 다른 사적인 감정은 없습니다.

박근혜 비대위원장은
수렴청정에서 벗어나야

박종진   목사님께서 보시기에 박 비대위원장이 어떤 점을 고쳐야 된다고 생각하십니까?

인명진   이분을 보면 조선시대 사극에서 수렴청정하는 대왕대비 같은 느낌이 있어요. 직접 나와서 이야기하는 게 없어요. 뒤에서만 무슨 이야기가 들리지. 그러니까 신하들이 계속해서 대왕대비 말씀이 무엇인지 해석하잖아요. '이럴 거다, 저럴 거다'라고. 아랫사람들이 오전에는 이렇게 해석해서 이쪽으로 가고, 오후에는 '그게 아니다' 해서 저쪽으로 가고. 저도 평생 예수님 말씀을 해석하며 먹고살아온 사람이지만, 박 비대위원장이 무슨 예수님인가요? 사람들이 왜 그 뜻을 해석해야 되냐고요? 현역의원이니까 나와서 이야기를 하고 사람들과 토론도 하면서 소통하는 모습을 보여야죠. 그러다 이따금 실수도 하고 잘못했다고 사과도 하고 그래야 인간 냄새가 나는 것 아니겠습니까?

박종진　간혹 실수도 하는 게 인간 냄새가 나는 거죠. 저도 실수 많이 하거든요.

인명진　당연하죠. 그래야 인간이죠. 밖으로 나와서 국민들과 접촉도 하면서. 지금 이명박 대통령이 소통을 못 한다고 국민들이 답답해하잖아요. 그런데 다음 번 유력한 대선 후보도 똑같이 행동하면 국민들의 속이 터지죠. 혹시 속병 난 국민들이 많아지면 병원은 잘될지 모르겠지만 어디 제대로 살 수 있겠습니까? 문제는 박 비대위원장에게 아무도 그런 이야기를 못 한다는 거예요. 이거 정말 문제 아닙니까? 저는 지금도 "그렇게 말하다가 나중에 어떻게 하려고 그러느냐"라는 이야기를 많이 듣습니다. 아침에 집에서 나올 때도 집사람한테 같은 당부를 받습니다. "밖에 나가서 말조심해라. 어떻게 하려고 그러느냐"라고요. 그런데 제가 누구 덕 보려고 하는 사람도 아닌데 뭘 어떻게 하겠습니까?

박종진　감옥도 네 번이나 갔다 왔고 또 간다고 해도 무섭지도 않죠?

인명진　그렇죠. 그런데 감옥 갈 일이 또 있겠습니까? 지금이 유신시대도 아니고. 그냥 아무도 이야기를 안 하니까 제가 하는 겁니다.

박종진　아무리 봐도 보수인사는 아니신 것 같은데요(웃음).

인명진　그래서 사람들이 저보고 '위장보수'라고 그래요.

박종진　이명박 정부도 평가해주시죠.

인명진　글쎄요, 모든 정권이 그렇듯 공과가 있겠죠. 잘한 것을 예로 들면 국격을 높였다는 점이죠. 박정희 대통령 시절 외국 국가원수라고 해봐야 아프리카 육군 중사였다가 쿠데타 해서 대통령 된 사람, 뭐 이런 사람들만 방한했어요. 우리가 어렸을 때는 외국에서 대통령이 온다고 하면 김포공항에 태극기 들고 나가 몇 시간씩 기다려서 환영하고 그러지 않았습니까? 그런데 지금은 미국 대통령을 비롯해 전 세계 20개국 정상들을 우리나라에 불러 모아놓고 이명박 대통령이 의장도 하고. 저는 대단한 일이라고 생각해요. 경제위기를 선제적으로 극복한 것도 잘한 일이지요. 하지만 과오도 있습니다. 국민들과 소통을 제대로 안 한 것. 국민들이 아무리 뭐라고 그래도 끄떡도 하지 않잖아요. 그러니 국민들의 속이 터지죠.

박종진　연초 기자회견 할 때도 기자들한테 질문받고 그럴 필요가 있지 않습니까?

인명진　그러면 좋죠. 이 정부의 또 다른 과오는 인사 문제예요. 이거 잘 보면 돌려 막기 아니던가요? 참 속 터지는 일이죠. 장관 청문회라는 게 뭡니까? 문제가 드러나면 임명하지 말아야 하는데 청문회는 청문회대로 해놓고 결국은 '당신들이 아무리 반대해도 나는 임명한다. 내가 정한 사람이니까', 이런 식이잖아요. 뿐만 아니라 양극화 문제도 심각합니다. 저는 이명박 대통령이 취임하자마자 전경련을 찾아가 '비즈니스 프렌들리' 한다기에 가슴이 철렁했어요. 재벌이라는 것은 그냥 놔둬도 자기들이 알아서 잘해요. 누가 안 도와줘도 잘해요. 오히려 재벌들은 정부가 너무 간섭하면 귀찮다고 해요. 정부가 정말 도와줘야 할 대상은 재벌이 아니라 서민들이고 중소기업이에요. 중소기업이나 노동자들을 '프렌들리' 해야지 왜 가만 놔둬도 잘하는 재벌을 '프렌들리' 합니까? 이제 와서 재벌에 대해 이런저런 말을 하지만 일관성이 없어요. 그렇다 보니 국민들도 안 믿잖아요. 다음 과오는 남북 문제로, 이건 최악이에요. 연평도 포격 사건도 나고. 물론 그들의 호전성도 문제고 북한 내부에 여러 문제도 있으니까 그런 도발을 한 북한에 1차적 책임이 있지요. 하지만 이러니저러니 해도 정부는 국민들이 안심하고 살 수 있도록 해야 할 책임이 있단 말이에요.

박종진　　그러면 DJ 정부의 햇볕정책이 옳았다고 보시는 겁니까?

인명진　　너무 지나쳤다는 평가도 있는데……. 저는 균형을 잘 잡았어야 한다고 생각해요. 예를 들면 정치 상황과는 관계없이 인도적 차원의 지원은 해야죠. 먹을 게 없어서 굶어 죽는 아이들도 있고, 살아난 아이들도 영양실조에다 잦은 병치레를 할 텐데……. 이들을 그냥 내버려두면 통일 뒤에 어떻게 할 겁니까? 엊그제 TV를 보니까 요새 눈이 많이 와서 새들이 먹을 게 없다고 모이를 챙겨주는 사람들이 나오던데 그런 심성을 가진 사람들이 북녘 땅 동포들이 굶어 죽게 생겼다는데 모른 척하면 안 되잖아요? 군사적으로는 단호하게 하고, 특히 핵무기 개발하는 것은 여러 나라와 총력을 다 해서 막아야 하지만 인도적 지원 같은 것은 해야 되는 것 아니겠습니까? 이명박 대통령이 기독교인인데, '기독교인이 대통령으로 재임하던 시절에 북한 주민들이 먹을 게 없어서 가장 어려움을 겪었다'라고 한다면 나중에 많은 사람들에게 두고두고 이야깃거리가 될 것이라고 생각합니다. "한나라당 윤리위원장으로 몸담았던 사람이 왜 이 정부에 대해 이렇게 듣기 싫은 소리를 하느냐?"라고 묻는다면 저는 이렇게 대답하겠습니다. "이명박 정부가 세워질 때 내가 윤리위원장을 했으니 내게도 도의적인 책임이 있다"라고요.

잘못할 때마다 당명 바꾸는 건
국민 기만하는 위장개업

박종진　　목사님의 과거 이력을 보면 민주당이나 민주통합당 사람들하고 더 가깝지 않았습니까? YS나 DJ와 함께 민주화항쟁도 하셨고요.

인명진　　거의 대부분이죠. 한명숙 대표라든지 손학규 전 대표라든지 다 같이 민주화항쟁을 했던 사람들이고, 후배들이고 그렇죠.

박종진　　그러면 민주통합당에 대해서도 쓴소리를 해주시죠.

인명진　　지금 민주통합당이 이명박 정부의 실정에 대해 이런저런 비판을 합니다만, 자신들의 4년 전 모습도 되돌아봐야 해요. 민주통합당으로 이름을 바꿨다고……, 그건 '눈 가리고 아웅' 하는 거죠. 국민들이 새로운 당이 됐다고 생각하지는 않을 거거든요. 그 사람들은 당명 바꾸는 것을 자주 해요. 한나라당이 당명 바꾸는 것도 저는 탐탁지 않게 생각합니다. 누구나 살다가 잘못을 할 때가 있잖아요? 그렇다고 잘못할 때마다 이름 바꾸나요? 잘못한 일에 대해서는 매를 맞고 스스로 고쳐야지 잘못할 때마다 이름만 바꾸면 그게 위장개업과 뭐가 다른가요?

박종진　　변신하려는 거죠.

인명진　　그렇죠. 진정성이 없는 거예요. 사람도 마찬가지지만 차라리 "잘못했습니다" 하고 반성하고 영욕을 함께 안고 가야 진정성이 있어 보이죠.

박종진　　추운 겨울에 손들고 국회의사당 앞에서 벌 좀 섰으면 좋겠어요.

인명진　　그거 좋죠. 그럴 필요가 있어요.

박종진　　1987년 기억나시죠? 학생들이 6월항쟁 해서 직선제를 겨우 얻어냈잖아요. 역사적으로 돌이켜보면 참 안타까운 부분이 많죠. 그때 대선 후보 단일화에 직접적으로 관여하지 않았습니까?

인명진　　제가 그때 국민운동본부 대변인을 하면서 6월항쟁이 진행되는 것을 옆에서 지켜보기도 했고 함께하기도 했습니다. 그렇게 직선제를 얻어냈는데 대통령 후보 진영이 양김으로 나눠져 서로 먼저 하겠다고 했지요. 그래서 우리가 지금처럼 나눠지면 대선에서 이길 수 없으니 두 분이 어떻게든 협력해 한 명이 먼저 출마하고 다른 한 명은 나중에 하라고 했어요.

박종진　　당시에는 단일화를 안 했죠?

인명진　　그때 많은 재야인사들이 "DJ가 먼저 대통령을 해야 한다"라고 하지 않았습니까? 하지만 저는 현실적인 상황을 고려해볼 때 DJ가 노태우 후보를 꺾고 대통령이 되는 것에 대해 거부감을 가진 계층도 있고 또 지역 문제도 있으니 이번에는 YS가 하고 다음에 DJ가 하는 10년 플랜을 이야기했지요. 이게 이른바 단일화를 주장하는 사람들의 생각이었고 저도 같은 생각이었습니다. 하지만 결국 둘 다 나오는 바람에 노태우 정부에 5년을 주고……. 그때 두 사람이 조금씩 양보했다면 (집권을) 5년 앞당길 수 있었을 텐데 말이죠.

박종진　　『김대중 회고록』에서도 그 부분에 대해서는 후회를 하고 있었습니다.

인명진　　제가 양쪽 후보 진영을 왔다 갔다 하며 심부름 좀 했습니다. 그런데 그때나 지금이나 권력에 눈이 멀면 올바른 판단을 못 하는 것 같아요. 때문에 권력을 가진 사람들은 마음을 비우려는 노력을 해야 돼요. 그렇지 않으면 자기들만 불행해지는 게 아니라 나라도 어렵게 만들기 때문입니다.

박종진　　그 당시 후보 단일화가 실패로 돌아갔을 때 'SM'이라고 하는 대학생 운동권 단체가 너무 실망을 해서 다 주저앉았죠?

인명진　　그랬을 겁니다.

박종진　　그렇게 힘들게 6월항쟁을 통해 민주화를 이끌어냈는데 양김이 단일화를 하지 못하는 바람에 결국 군부정권이 계속 집권하지 않았습니까? 그때 참 안타까웠죠.

인명진　　안타까운 일이죠. 그러니까 재야 단체가 지조를 가지고 중심을 잡아서 두 사람을 단일화시켰어야 하는데. 우리에게도 책임이 있죠. 양쪽 다 따라다녔으니까…….

박종진　　죽은 자식 불알 만지면 뭐 하겠습니까? 과거 이야기인데…….

인명진　　역사의 교훈이죠.

박종진　　좀 어려운 질문 하나 드릴게요. 보시기에 지금 누가 대통령 감입니까? '이 사람이 괜찮은 사람인데 국민이 몰라준다' 하는 사람이 있습니까?

인명진　　아직은 모르겠어요. 그래서 기도하는 중인데 하느님께서 아직 대답이 없으십니다. 답을 주시면 연락드리겠습니다.

박종진　　안철수 원장은 어떻게 생각하십니까?

인명진　　훌륭한 분이죠. 제가 그분하고 '청춘콘서트'에 한 번 출연한 적이 있어요. 그러면서 서너 시간 동안 지켜보기도 하고 이야기도 해봤습니다. 그런데 이분이 작년에 서울시장 나온다고 그랬다가 요즘에는 대권 후보로 거론되고 있는데, 정말 정치할 마음이 있으면 국민들에게 자신의 소신을 밝혀야 된다고 생각합니다. 지금 국민들이 살기도 팍팍한데 안 원장까지 국민들의 마음을 답답하게 하는 건 국민들에 대한 예의가 아니에요.

박종진　속이 좀 타죠.

인명진　국민들이 알고 싶다고 하면 대답할 책임이 공인에게는 있어요. 정치할 마음이 있으면 나와서 정정당당하게 "나는 정치하려고 한다. 경제, 실업 문제는 이렇게 풀고 교육, 남북, 한미 FTA 문제는 이렇게 하겠다"라고 이야기해야죠. 그렇게 해서 국민들에게 검증받고 심판받는다면 누가 말리겠습니까? 마치 구름 위로 올라갔다 내려갔다 하는 것처럼 잊어버릴 만하면 나와서 한마디씩 던지고 이러니까 국민들이 "이 사람까지 우리 애간장을 녹인다"라고 말하잖아요. 이건 안 원장이 잘못하는 거예요. "하면 한다, 안 하면 안 한다"라고 대답할 책임이 있어요.

박종진　국민들 가슴을 통쾌하게 해줄 책임 말이죠?

인명진　그렇죠. 코미디언은 웃겨야 되듯이 정치하는 사람은 국민들의 마음을 위로해주고 아주 시원하게 해줄 책임이 있죠.

박종진　코미디언은 웃겨야 하고 정치인은 국민들 좀 시원하게 해주시고 목사님은 바른 소리 좀 하셔야 하고요.

인명진　네.

박종진　이번에 전당대회 돈봉투 사건으로 박희태 국회의장이 상당히 어려운 입장이고 한나라당도 완전히 쑥대밭이 되는 분위기인데요.

인명진　　고승덕 의원이 이 방송에 출연해 폭로하는 바람에 엄청난 사건이 일어났어요. 그런데 저는 일어날 만한 일이 일어났다고 생각합니다. 이번 일을 계기로 우리나라 정치도 바뀌어야지요. 몇 사람의 희생이 따르겠지만 그것은 역사가 진행되는 과정에서 불가피한 일입니다. 우리나라 민주주의가 그냥 됐습니까? 많은 사람들이 감옥에 가고 고문당하고 심지어 어떤 사람은 죽기도 해서 민주주의가 이뤄진 것처럼 정치 발전이라는 것은 희생 없이는 불가능합니다. 억울한 분들도 있겠죠. '왜 하필이면 나냐? 재수 없다'라고 생각하기도 하겠죠.

박종진　　관행이어서 그런 것 아닙니까?

인명진　　그래도 억울하죠. 박희태 국회의장께서도 억울하실 거예요. 그러나 그런 개인 희생을 통해 결국 정치가 한 걸음 더 나아가는 계기가 될 것으로 생각합니다.

박종진　　목사님께서 현실정치에 대해 이런저런 말씀을 하시다 보니 주변에서 종교인이 정치에 관여한다고 비판하는 분들도 있죠?

인명진　　민감한 사안인데요, 저는 몇 가지 원칙을 가지고 있습니다. 첫 번째는 정치인들을 우리 교회에 끌어들이지 않는다는 것이고 두 번째는 교인들에게 정치적 견해를 강요하지 않는다는 것입니다. 세 번째는 목사가 정치에 대해 제대로 이야기하려면 '자리를 차지하면 안 된다'는 것입니다. 벼슬자리 있잖아요. 저는 옛날부터 유혹이 굉장히 많았지만 지금까지 이 원칙을 고수하고 있습니다. 앞으로 얼마나 더 지킬 수 있을지는 모르겠지만……. '자리를 차지하는 대신 남들이 못하는 이야기를 해야 하는 게 목사'라고 생각해요. 그런데 그게 정치 참여라고 한다면 저는 '당연히 제가 해야 하는 일이다'라고 말하고 싶습니다.

박종진　우리나라 원로들이 이제 쓴소리 좀 뱉어내야 되거든요. 쓴소리 좀 많이 해주시고 우리나라가 잘되도록 뒤에서 응원도 해주시고 잘못했을 때는 야단도 쳐주시길 바랍니다. 우리가 정치, 경제, 사회, 문화 이런 순서로 나열을 하는 데는 다 이유가 있습니다. 정치가 잘돼야 경제가 잘되고 경제가 잘돼서 먹고살 만해야 사회가 안정이 되고 사회가 안정돼야 문화가 꽃피울 수 있기 때문입니다. 결국 정치가 뿌리인데요, 이번 선거에서 썩은 뿌리는 확실히 뽑아야 하겠습니다.

　　인명진은 2012년 6월 1일 평화방송에 출연해 안철수 원장에 대해 언급하며 "잊을 만하면 또 나타나고 또 나타나고 하는데, 꼭 알아야 할 것은 '맥주를 따놓고 오래두면 김이 빠져서 못 먹는다'라는 점이다"라고 밝혔다. 그는 이날 "김 빠진 맥주가 되실까 봐 걱정"이라며 이같이 말했다. 그러면서도 그는 "부산대 강연을 보니까 복지, 정의, 평화를 말하던데, 이 사회에 대한 정확한 문제 진단"이라고 평가했다.

내가 만난
인명진

대학 시절 기독학생연합회에서 활동할 때 인명진 목사님과 조그마한
동아리방에서 예배를 드렸던 기억이 있다. 그는 그 사실을 기억하고
나를 만나자 반가워했다.

이후 생방송에서 마음을 활짝 열었다. 나도 목사님이라는 사실을 잊고
솔직하게 대담을 진행했다. 내가 기억하는 한 그는 분명 좌파인사였다.
하지만 지금은 보수우파로 대접받고 있다. 이에 대해 그가 무척
어색해하는 게 느껴졌다.

유신 시절 단순히 성경 구절을 읽었다는 것만으로 감옥에 가게 되었다는
기막힌 사연을 듣고 황당함을 넘어 유신시대가 많은 사람들을 얼마나
힘들게 했는지 실감할 수 있었다.

그는 성경 구절 읽은 것 때문에 징역 1년을 산 사람은 이 세상에서
자신밖에 없을 거라며 어이없어하며 웃었다. 그러나 나는 그의
눈 속에서 타오르는 이글거림을 보았다. 기막힌 억울함을 호소하는
것 같았다. 더 이상 이런 독재는 없어야 한다고 항변하는 듯했다.
아이러니하게도 그는 자신을 감옥에 보낸 정권과 맥을 같이하는
한나라당 윤리위원장을 맡으면서 자연스럽게 한나라당 사람이
되어버렸다. 자신은 부인한다 해도 국민들은 그렇게 알고 있다.
세상에는 별일이 참 많다. 인 목사님이 보수우파라니…….

이성

"
말 못해도
진솔한 정치인이
국민의 마음을
얻는다
"

말을 잘하지 못하는 게
저의 확실한 장점이라고 생각합니다.
최근 큰 선거에서 이긴 분들 중에는
말씀 잘하시는 분이 없습니다.
박원순 시장이라든지 평소 말을 잘 못한다는
평을 듣는 분들이 당선됐습니다.
정치인이 얼마나 진솔하게 표현하느냐가
중요하지 말만 잘하는 것은 소용없는
시대가 된 것 같습니다.

이성은 경북 문경 출신으로 덕수상고, 고려대를 졸업한 뒤
행정고시에 합격해 청와대 행정관, 서울시 시정개혁단장·경쟁력강화본부장·감사관 등을
역임하는 등 공직자로서 화려한 경력을 갖고 있다.
하지만 2000년 '새벽에 별 보며 출근해 밤에 별 보며 퇴근하는 생활'에 돌파구를 찾고자
휴직계를 내고 온 가족과 함께 무작정 1년 동안 세계여행을 떠나 화제가 됐다.
그 뒤 2002년부터 2006년까지 구로구 부구청장을 지냈으며
2010년부터 구로구청장으로 일하고 있다.

_2012년 2월 6일 방송

박종진　　이른바 '종편사 길들이기'라고 해서 〈박종진의 쾌도난마〉가
시작한 이래 단 한 번도 민주통합당분을 모신 적이 없는데 오늘 드디
어 한 분이 나오셨습니다. 그런데 나오셔도 되는 거예요?

이성　　　저는 나가면 된다, 안 된다 그런 말을 들어본 적이 없습니다.

박종진　　알겠습니다. 잘나가던 공무원이 세계일주 배낭여행을 떠난
다고 2000년 돌연 휴직계*를 냈을 때 고건 서울시장이 흔쾌히 받아주

* 행정고시 24회 출신으로 서울시에서 '잘나가던' 공무원이었던 이성은 2000년 돌연 휴직
계를 내고 아파트 전세금 9,000만원을 털어 온 가족과 함께 세계일주 배낭여행을 떠났다.
당시 그는 이미 국장급인 시정개혁단장으로 재직 중이었고 고시 동기들보다 4년이나 빠른
승진 코스를 밟은 터였다. 그렇게 45개국 200여 개 도시를 돌았다. 이 무렵 얻은 그의 별명
은 '길 위의 가족'이었다.

시던가요?

이성　처음에는 안 받아줬죠. 당시 내무부 장관께서 고건 시장한 테 쓴 지휘서신에 '공직 사회에 나쁜 선례로 남을 수 있으므로 절대로 휴직을 허락하지 말 것'이라고 쓰여 있었습니다. '마십시오'가 아니고 '말 것'이라고.

박종진　그래서 사표를 내셨나요?

이성　사표를 내겠다고 했죠.

박종진　내겠다고 으름장만 놓았습니까?

이성　제가 간곡하게 설득했습니다. 논의 끝에 고건 시장이 흔쾌 하게 휴직계를 받아주라고 결정하셨어요. 덕분에 휴직을 할 수 있었 습니다.

박종진　그때 서울시 부이사관 국장이셨죠? 그렇게 힘들게 행정고 시 패스해서 국장 자리까지 오르셨는데 그 자리도 내던질 만큼 세계여 행을 하고 싶으셨습니까?

이성　그처럼 절박했던 이유가 세계일주를 떠날 수 있는 제 인생 의 마지막 기회라고 생각했기 때문이에요. 그해를 놓치면 죽을 때까 지 못 할 것 같다는 절박감이 있었어요.

박종진　그때 배낭여행 가실 때 전 재산을 다 들고 가셨죠?

이성　네, 그렇습니다.

박종진　진짜 대단한 용기십니다. 전 재산을 털어서 여행 갔으니 돌 아와서는 거지가 되셨겠네요, 그럼?

이성　돌아와서는 다시 봉급을 받았으니까 거지라고는 할 수 없지 만 재산은 없었죠.

박종진　그러면 그때부터 다시 월세로 시작한 겁니까?

이성　네.

박종진　40대 중반에 가진 돈 다 털어서 세계여행 갔다 오고 다시 월세 50만원부터 시작했다! 우리 젊은이들이 이런 도전정신을 배워야 합니다. 자꾸 '돈 돈' 하면 안 돼요. 오늘 그래서 모신 거예요. 작가로도 등단하셨죠?

이성　오래됐습니다. 틈틈이 글을 써왔는데 시청에 있을 때 부하 직원이 제 글을 몰래 응모했어요. 그게 신인문학상을 받아서 본의 아니게 등단하게 됐죠.

박종진　본인은 등단할 생각이 전혀 없었는데, 부하 직원이요?

이성　그렇죠. 그래서 결과적으로 등단하게 된 거죠.

박종진　당시 블로그에 '여행, 낯선 것들과의 만남. 잠시라도 떠나자. 타성에서 떠나자. 반복에서 탈출하자. 낯익은 것들에서 떠나서 낯선 것들을 만나자'라고 가슴 설레는 글을 쓰셨어요. 이 생각 지금도 그대로 입니까?

이성　네, 새로운 것에 도전하기 위해 항상 노력합니다.

박종진　스티브 잡스의 '어떤 실패도 두려워하지 말고 도전하라'가 생각나는 말인데요. 지금은 어떤 도전을 하고 계십니까?

이성　2년 전 서울시에 사표를 내고 국회의원에 출마한 것도 제 입장에서 보면 큰 도전이었죠. 정년이 아직 많이 남았을 때니까요. 퇴출 대상도 아니었고 그때도 잘나가고 있었거든요(웃음). 당시에는 제가 공천을 받을 거라고 생각한 사람이 많지 않았습니다. 또 출마를 해도 제가 이길 거라고 생각한 사람도 열 사람 중 한두 사람 될까 말까 했습니다.

박종진   전혀 정치할 분처럼 안 보이세요. 선거 때 나가서 연설을 하셨습니까? 말씀도 잘 못하시는 분인데요.

이성   말을 잘하지 못하는 게 확실한 장점이라고 생각합니다(웃음). 최근 큰 선거에서 이긴 분들 중에는 말씀 잘하시는 분이 없습니다. 박원순 시장이라든지 평소 말을 잘 못한다는 평을 듣는 분들이 당선됐습니다. 정치인이 얼마나 진솔하게 표현하느냐가 중요하지 말만 잘하는 것은 소용없는 시대가 된 것 같습니다.

박종진   받아 적어야 돼요. '이제는 말 잘하는 사람, 당선 못 된다. 말은 잘 못해도 진정성 있는 사람이 당선된다'.

이성   그건 분명한 거 같습니다.

박종진   제가 사실은 정치부 기자도 하고 사회부 기자도 했지만 구청장 선거에 나가신다고 할 때 걱정되더라고요. 저렇게 말씀을 잘 못하시는 분이 선거 나가서 될까, 하고.

이성   지금은 말이 많이 늘었습니다.

사회자   아, 지금 는 게 이 정도입니까?

이성   네(웃음).

복잡한 걸 잊기 위해 수학 문제 푸는 구청장

박종진   머리가 아플 때 『수학의 정석』을 푸신다고 하던데요. 지금도 구청장실에 『수학의 정석』이 있습니까?

이성　　　그 책은 이미 오래전에 끝냈어요. 그 이후로는 대학 과정에서 배우는 고급미적분을 오랫동안 풀었습니다. 교재가 별로 없어서 영어로 된 원서를 구해 공부했습니다.

박종진　　　지금 수능시험 치면 수학에서 만점 받으시겠어요.

이성　　　몇 년 전까지는 수능 문제도 풀어봤거든요. 100% 다 풀었습니다.

박종진　　　수학 문제를 풀면 뭐가 좋습니까? 수능시험 보려고 수학 공부 하는 건 아닐 테고요.

이성　　　좀 이상하게 들리시겠지만 수학 문제 푸는 게 제 취미 생활 중 하나였습니다. 복잡한 걸 잊어버릴 수 있어요. 문제 푸는 데 몰입하다 보면요.

박종진　　　뇌 건강에도 도움이 되고요. 어린 시절 힘들게 살지 않았어요?

이성　　　허가 주택에 살아본 게 아마 대학 졸업하고 나서였지 싶어요. 그 전까지는 무허가 주택에 세들어 살았죠.

박종진　　　그런 시절을 겪으셨다면 공무원들이 무허가 주택을 때려 부술 때 막으셔야 하는 거 아닙니까?

이성　　　요즘은 옛날처럼 그렇게 때려 부수지는 않습니다만……. 관련된 일화를 한 가지 말씀드릴게요. 강남에 구룡마을이라고 있는데 여기가 무허가촌이라 서울시에서 주민등록 등재를 안 해줬거든요. 그렇다 보니 이곳에 사는 아이들이 학교에 입학할 수가 없어요. 제대로 된 상수도 시설도 없고. 실제로 사람들이 사는데도 무허가라는 이유 하나 때문에요. 그래서 제가 시청에 근무할 때 주민등록 등재를 해달

라는 민원이 많았어요. 이 문제로 여러 차례 회의를 했는데 주민등록
발급을 해주면 무허가 주택이 계속 늘어나고 양성화되기 때문에 불가
능하다는 의견이 우세했어요. 그때 제가 "우리가 주택을 허가와 무허
가로 나눈 지 몇 년이나 됐느냐? 나는 대학 졸업할 때까지 허가 주택
에서 살아본 적이 없다. 무허가 주택에 사는 거, 옛날에 우리가 다 겪
었던 일인데 너무 야박하게 하지 말자"라고 아주 강하게 말했던 기억
이 지금도 생생합니다.

박종진　　그래서 어떻게 됐습니까? 수도가 들어가고 주민등록 발급
도 해줬습니까?

이성　　당장은 안 됐지만 지난해 결국 주민등록 발급을 해줬죠.

박종진　　가슴이 찡하네요. 자, 첫사랑 이야기를 해볼까요? 부인이
첫사랑은 아니죠?

이성　　그 이야기는 방송에서 하면 안 되는데요.

박종진　　아, 그렇습니까? 부인은 부잣집 딸 아닌가요?

이성　　집사람은 저와 같은 동네에 살던 동창생이었는데 무허가 집
들이 훤히 내려다보이는 산꼭대기에 살았어요. 같은 무허가였지만 동
네에서 제일 큰 집이었죠. 저는 무허가 작은 집에 월세로 살았고, 아내
의 집은 스스로 지은 무허가 주택이었습니다. 그 동네에서는 부자였죠.

박종진　　듣기로는 이 구청장님은 퇴계 이황 선생의 18대손이라고 하
던데요. 학자 집안이어서 어렸을 때부터 이황 선생의 글도 다 외우고
그러셨습니까?

이성　　저는 한문을 잘 못해서요. 제 동생이 잘하는데 지금은 몸이
좀 아파서…….

박종진　아이가 넷이지요? 거기에도 사연이 있다면서요?

이성　부잣집입니다. 아들만 넷이라서.

박종진　세계일주하느라 모아둔 돈도 별로 없으실 텐데 어떻게 키웁니까?

이성　월급 많이 받습니다(웃음).

박종진　구청장 월급 별로 많지 않던데요. 자꾸 많이 받는다고 하시면…….

이성　저는 공무원 봉급이 상당히 많다고 생각하며 지내고 있습니다. 제게는 아들이 넷 있는데 둘이 처남 아이들입니다. 처남 부부가 갑작스러운 사고로 죽는 바람에 제가 데려다 키우게 됐어요. 큰아이는 세계일주도 같이했습니다. 작은아이는 그때 만 네 살이라 같이 여행 다니기에는 너무 어렸고요. 큰아이는 좀 일찍 저희 집에서 함께 생활했고, 작은아이는 여행에서 돌아온 뒤 2002년부터 같이 살았죠. 두 아이 다 정식으로 입양했습니다.

박종진　입양했으면 완전히 자녀분이 되신 거죠?

이성　네, 그렇습니다.

박종진　구청장 해보니까 어떻습니까? 서울시에 있을 때와 직접 현직에 왔을 때 어떤 차이가 있던가요?

이성　훨씬 더 어렵죠. 무엇보다도 굉장히 다양한 구민들을 만나야 되니까요. 그분들 눈높이에 맞춰 이야기를 해야 되고 제 생각을 거기에 맞춰야 되니까 매일 고전하고 있습니다.

박종진　가끔 말도 안 되는 이야기를 하는 구민도 있죠? 그럴 땐 어떻게 대응하십니까?

이성 제가 취임한 이후 지난 1년 반 동안 구청 앞에서 하던 데모가 완전히 사라졌습니다. 아무리 그분들이 문제가 많고 억지를 부려도 어쨌든 만납니다. 계속 만나서 이야기합니다. 그분들이 지칠 때까지 만나줍니다. 그러면 결국 다 해결이 되더라고요. 이야기하다 보면 서로의 입장을 이해하게 되고요.

박종진 상대방이 지칠 때까지 만나준다는 거죠? 기막힌 아이디어입니다.

이성 얼마 전에는 출근했더니 모르는 분들이 아무 예고도 없이 구청장실을 점거하고 계시더라고요. 그분들은 앉아 있고, 저는 계속 일을 봤습니다. 그렇게 일주일을 버텼습니다. 그분들이 이야기하자고 하면 그렇게 하면서 한 일주일 지냈더니 그냥 물러나시던데요.

박종진 상대방이 지칠 때까지 만나준다, 그만큼 소통이 중요하다는 거죠. 소통에 대한 철학이 있습니까?

이성 제가 출마하면서 내건 슬로건이 '소통, 배려, 화합'이거든요. 소통을 맨 앞에 내세웠습니다. 서로 마음을 터놓고 이야기하는 게 모든 행정의 출발점이고 생각합니다. 과거에는 '무조건 나를 따르라' 하는 사람들이 많았는데 저는 이런 식은 옳지 않다고 봅니다. 오히려 구민들이 어떤 생각을 하는지 성실하게 알아보려는 노력을 해야지요. 그분들의 생각에 맞춰주는 게 더 중요합니다.

주민 일자리 알선 통해
행복 선물

박종진　당 소속으로 공천을 받아 나가셨는데 기초단체장, 꼭 당이 필요합니까, 아니면 필요 없다고 보십니까?

이성　저는 미국에서 행정학을 공부했는데요, 그중에서 지방행정을 전공했습니다. 공천받는 게 옳다는 소신을 갖고 있습니다. 그리고 정당 속에 있어야 한다고 생각합니다.

박종진　왜 그렇습니까?

이성　행정에는 두 가지 측면이 있습니다. 하나는 능률, 효율이고요, 또 다른 하나는 책임성입니다. 능률과 효율을 우선으로 하는 행정, 그건 당 공천을 안 받는 게 낫습니다. 전문가에 의한 전문 행정이죠. 그런데 행정은 많은 부분이 정치적 과정입니다. 주민 갈등을 화합시키고 중재하는 모든 과정이 사실은 정치적인 것이고요. 또 행정은 때로는 느리게 보이지만 정치적 과정이 훨씬 빠른 경우가 많습니다. 주민 합의에 의한 것이 느린 것처럼 보이지만 빠른 경우도 있습니다. 무엇보다 행정의 요체 중 가장 중요한 거는 책임성입니다. 책임정치죠. 미국도 오랜 세월 동안 '효율이 먼저냐, 책임성이 먼저냐?'라는 논란을 계속하고 있습니다. 저는 책임성이 우선이라고 생각하고요. 그런 면에서는 정당의 이름을 걸고 자신의 행정에 대해 책임지는 것이 옳다고 생각합니다.

박종진　경상도 출신인데 민주통합당을 택하셨습니다. 성향이 맞다고 생각하신 겁니까?

이성　　제가 시청 안에서 소수의견일 때가 많았습니다. 그런 면에서 성향도 잘 맞고요. 또 다른 여러 가지 이유도 좀 있습니다.

박종진　　오세훈 전 시장하고는 어땠습니까? 오 전 시장의 시정에 대해 평가해줄 수 있습니까?

이성　　나름대로는 굉장히 열심히 하려고 하셨던 것 같습니다. 그런데 자신만의 철학에 너무 빠져 있다 보니 남의 이야기를 듣는 데 소홀한 부분이 있지 않았나, 하고 생각합니다. 비단 무상급식 문제뿐만 아니라 제가 시청에서 근무할 때 공개석상이나 간부회의에서 여러 차례 오 시장께 "토론 좀 합시다"라는 이야기를 했거든요. 그런데 토론도 하시지 않고 남의 이야기도 잘 안 들으시는, 자기 철학에 너무 매몰된 면이 문제였어요. 그런 단점이 여러 결과를 초래하는 요인이 되지 않았나, 하는 생각을 합니다.

박종진　　'자신만의 철학에 지나친 확신이 있었다. 그래서 남의 이야기를 듣는 데 문제가 있었다'라는 거죠? 박원순 시장은 어떻게 생각하세요?

이성　　오랫동안 같이 일하지는 않았지만 지금까지의 모습만 놓고 보면 크게 만족합니다.

박종진　　단점은 아직까지 안 보이나요?

이성　　글쎄요, 조금 더 지나고 보면 어떨지 모르겠지만 아직까지는 잘 모르겠습니다.

박종진　　구청장 2년 하셨는데 앞으로 국회의원도 하고 싶으시죠?

이성　　그럴 생각은 없습니다. 솔직히 말씀드리면 구청장은 한 번 더 도전할 겁니다. 그것이 구로구에 사는 분들에게 책임지는 방법이라고 생각하고 있습니다. 그런 자세로 계속 일을 할 것이고 다음 번에도 분명히 출마를 할 겁니다.

박종진　요즘은 일자리가 화두 아닙니까? 『수학의 정석』만 풀지 마시고 일자리를 어떻게 창출할 수 있을까, 이런 고민 좀 안 해보셨어요?

이성　무지하게 했습니다. 사실 구로구가 작년에 놀랄 만한 성과를 냈습니다. 저희는 일자리 몇 개를 창출했다는 공허한 숫자를 외치지 않습니다. 일자리 몇 개를 창출했다는 것보다 몇 명을 취직시켜줬느냐가 더 중요하니까요. 이를 위해 구로구청 민원실을 비롯해 동사무소마다 취업상담창구를 만들었습니다. 이를 통해 400명을 취직시켜주는 것을 목표로 삼았는데 작년에만 2,266명이 취업에 성공했습니다.

박종진　작년 한 해 동안 2,266명이 구로구 취업상담창구 등을 통해 취직했다는 말인가요?

이성　네, 그렇습니다. 구로구 안에 있는 공사장에 구민들을 최우선으로 채용했습니다. 업체들과 협약을 맺어 구민을 채용하도록 해서 7,000명이 넘게 취업했습니다. 또 관내 대기업들하고도 협약을 맺어 구민 채용을 위한 박람회도 개최했습니다. 이렇게 해서 제가 구청장이 된 이후 지난해까지 총 2만250명을 취업시켰는데요. 이건 일자리를 창출한 게 아니라 취업을 시킨 겁니다.

박종진　차이가 있는 겁니까?

이성　일자리를 창출했다는 것은 단순히 통계일 뿐입니다. '관내에 기업이 몇 개 생겼으니까 일자리가 몇 개 늘어났다. 허가를 내줬으니까 일자리가 몇 개 늘어났다'라는 식의 통계일 뿐이죠. 우리는 그게 아니라 한 명 한 명이 취직할 수 있도록 관리하는 겁니다. 물론 그중에는 일자리 같지 않은 일자리도 있습니다. 이를테면 공공근로 같은. 일시적인 일자리가 7,100여 개 정도 됩니다. 그걸 뺀다고 하더라도 약 1만 3,000여 명이 기업체 등에 취업을 했습니다.

박종진　　그러면 다른 구민도 구로구에 가면 취직시켜줍니까?

이성　　저는 모든 단체장들이 자기 구민을 취직시키기 위해 최선을 다하면 우리나라 일자리 문제가 많이 해소될 거라고 생각합니다. 뿐만 아니라 일자리를 지키기 위해 관내 기업을 괴롭히는 일도 사라질 것입니다. 과거에는 기업들이 건축허가를 받기 위해 구청장이나 비서를 몰래 만나 "이거 허가해주면 돈을 주겠다"라는 경우가 많았습니다. 처음에는 저한테도 그런 목적으로 오신 분들이 있었습니다. 그때마다 그분들에게 "제가 재임하는 동안에는 1원도 안 받겠다. 다만 구로구민을 취직시켜달라"라고 분명하게 말했습니다. 그 뒤로 분위기가 바뀌어 이제는 무슨 허가를 받으려면 실무자들이 와서 "이번에 우리가 구로구민 몇 명을 채용합니다"라고 합니다. 관내 기업들이 구로구민을 채용하면 많은 것이 편리해진다는 걸 알고 있습니다. 그게 일자리 창출에 상당히 많은 도움이 되고 있죠.

박종진　　일자리, 이렇게 만들면 되는군요. 결국 뇌물 안 받고 뇌물 갖다주는 사람에게 "이만큼 일자리 주세요" 하면 된다는 거죠? 일자리 찾는 청년들은 전부 구로구로 가세요.

이성　　고맙습니다.

박종진　　마지막으로 황희 정승 이야기를 할게요. 황희 정승이 집에서 하인 두 명이 싸움하는 걸 보고 한 하인에게 그 이유를 물었습니다. 하인의 말을 들은 황희 정승은 "네 말이 이치에 맞구나"라고 했답니다. 그런데 또 다른 하인의 이야기를 듣고 나서도 "네 말도 맞구나"라고 했답니다. 그때 옆에 있던 부인이 "이 말도 맞고 저 말도 맞으면 대체 누구 말이 맞습니까?"라고 물었더니 "부인 말도 맞구려"라고 했다고 합니다. '세상에는 완전히 옳은 것도 또 완전히 틀린 것도 존재하지 않는다'라는 교훈을 주는 일화가 아닐까요? 귀를 열고 들어보면 사람들이 다 일리가 있는 이야기를 합니다. 싸우지 마십시오.

이성 구청장은 관내에서 '동네 아저씨'로 불린다. 구민들이 구청장 취임 1년 만에 붙여준 호칭이다. 그에게선 권위를 찾아볼 수 없기 때문이다. 자치단체장 하면 관료의식으로 무장돼 딱딱하고 거만할 것이라는 선입견을 갖기 십상이지만 실제로는 그렇지 않다는 게 그에 대한 인물평이다.

내가 만난
이성

이성 구청장을 소개하는 게 생각보다 어렵다. 무척 발견하기 힘든
분이기 때문이다. 고위 공무원 시절 정신건강에 좋다며 『수학의 정석』을
열심히 공부하던 분, 누가 찾아와 어떤 유혹을 하든 절대 넘어가지
않는 분, 상고 출신으로 어렵게 행정고시에 합격하고 얻은 공무원증을
반납하고 세계여행을 떠나고자 했던 분, 결국 1년간 세계여행을 가서
KBS-1TV 〈인간극장〉에 나온 유일한 고위 공무원, 처남의 아이까지
본인의 호적에 올려 아이 넷을 키우는 분, 문단에 등단한 시인.
그의 눈물 나는 어린 시절 이야기를 듣다 보면 내가 얼마나 행복한가를
느끼게 된다. '덕수상고 천재'로 알려진 이성 구로구청장은 인격적으로
모든 사람에게 존경받는다. 조용한 성격에 남을 미워하지 않으며
군자의 모습을 잃지 않는다.
2010년 6·2 지방선거운동 때 선거 공보물에 조카가 '안양시가
구로 철도기지창 이전 부지를 제공하기로 약속했다'라는 허위사실을
기재하는 바람에 기소돼 1심에서 유죄를 받아 마음고생을 했지만 결국
2심에서 벌금 100만원 미만을 받아 현직을 유지하게 되었다.
하지만 그는 한 번도 조카를 원망하지 않았다. 오히려 조카가 마음
아파할까 봐 걱정했다.
이성 구로구청장은 경쟁자들로부터 시기와 질투도 무척 많이 받았다.
이 때문에 공무원 시절 검찰 조사도 수십 번 받았다. 하지만 모두
무죄로 밝혀졌다.
한마디로 내가 보증하는 훌륭한 사람이다. 이런 분이 우리나라
지도자들 중에 많아졌으면 좋겠다.

박선영

"

잘못된 것을
알면서
침묵하면
공범이 된다

"

우리가 잘못된 것을 고쳐야 한다고 생각하면서도
내가 받을 (비난의) 화살 같은 것 때문에
침묵으로 일관하거나 여기에서는 이런 이야기.
저기에서는 저런 이야기 하면서 인심을 잃지 않으려고
하는 경우가 많잖아요.
그런데 결국 그렇게 하다 보니까
우리 사회가 이 지경에까지 이르게 된 것이지요.

박선영은 지난 4년간 의정 활동을 하면서 6·25전쟁 전후 납북자와 탈북자 문제에 관심을 가져왔다.
2012년 2월엔 중국의 탈북자 강제 북송을 규탄하며 주한 중국대사관 앞에서
11일간 단식농성을 하면서 탈북자 문제의 심각성을 환기시켰다.
방송기자 출신인 그는 2008년 18대 총선에서 자유선진당 비례대표로 국회의원 배지를
단 직후부터 1,080일간 당 대변인을 맡아 순발력 있고 논리적이면서도 '독한' 논평으로
여당을 곤혹스럽게 했다. 2010년 3월 천안함 피격 사건 발생 직후 이명박 대통령이
여야 3당 대표와 오찬 회동을 할 때 그에게 "살살 좀 하시라"라는 농담을 던질 정도였다.
_2012년 2월 9일 방송

박종진　국회에서 최장수 여성 대변인이자 '이회창의 사람'으로 알려
진 박선영 의원이 함께 자리했습니다. 작은 체구에서 나오는 말투가
느리지만 힘이 있으세요. 어린 시절 가난하게 자랐다고 들었는데 지
금 보니 전혀 아닌 것 같은데요.

박선영　글쎄요, 사람들은 절 보면 손에 물 한 방울 안 묻히면서 곱
게 자랐을 거라고 생각하시더라고요. 그런데 제가 아홉 살 때 아버님
이 돌아가셨거든요. 어머니가 학교 선생님을 하면서 저희를 키우셨
죠. 제가 딸 셋 중 맏이인데 어머니까지 여자 넷이 단칸방에서 (아버님
의 사망으로) 힘들게 살았어요. 그런데 사람들은 저의 개인사를 모르니
까 지금의 모습만 보고 본인은 국회의원이고 대법관의 부인인데 남 부

러울 게 없지 않느냐라고들 이야기하세요. 하지만 저는 가난이 뭔지 너무나 잘 안답니다.

박종진   자매들끼리 우애는 아주 좋았을 것 같네요.

박선영   그렇죠. 단칸방에 사니까 아웅다웅하면서도 잘 때는 서로의 콧김이 얼굴에 닿을 정도로 가깝게 붙어 자다 보니까 정말 우애가 좋았어요. 그래서 주위 사람들이 "어떻게 그 집 자매들은 그렇게 친하냐. 부럽다"라고 할 때마다 제가 농담으로 "단칸방에서 다 같이 살아보세요"라고 이야기해요. 요새는 형제나 자매도 각자 방을 쓰다 보니까 예전과 달리 조금 거리감이 있는 것 같아요.

박종진   일리가 있는 말씀인 거 같습니다(웃음). "내 손으로 직접 머리를 커트했다"라는 이야기도 있던데 그건 좀 못 믿겠는데요.

박선영   오늘 가위 좀 갖고 나올걸. 그런 질문을 하실 줄은 몰랐네요 (웃음).

박종진   처녀 시절부터 거울을 보면서 직접 머리를 자르셨다고요?

박선영   처녀 때 그랬던 이유는 제가 기자 생활(MBC 보도국)을 했는데 그때 참 격동기였어요. 1977년부터 했으니까 유신 말기였고요. 1980년에는 언론 통폐합이 돼서 너무 힘들었어요. 그러면서 기자들 다 잘리고, 아침 방송이 생기고 또 컬러 TV가 등장했죠. 기존의 흑백 자료를 쓸 수가 없어진 거예요. 집에 갈 시간도 없는데 머리 자르러 미장원 갈 시간이 어디 있겠어요? 그래서 할 수 없이 회사 화장실에서 거울 보면서 머리를 잘랐던 게 시작이었어요. 이렇게 앞머리도 좀 자르고……

박종진   뒷머리는 안 보였을 텐데요.

박선영　그래도 잘 잘라요. 지금 이 머리도 제가 다 자른 거고요.

박종진　지금도 직접 커트하신다고요?

박선영　네.

박종진　미용실 사장님들이 이런 분들 때문에 운영이 어렵다고들 하나 봐요(웃음).

박선영　가족 머리도 제가 다 잘라요. 가족이 독일에 잠깐 살았을 때 애 둘에 네 식구가 살려니까 너무 힘든 거예요. 남편이 하루는 이발을 하러 갔다 오더니 "독일은 이발 값이 너무 비싸다"라며 투덜거리더라고요. 커트 값, 샴푸해주는 값, 드라이 값을 다 따로 받는다고요. 그 비용을 듣고는 '어휴, 그거면 우리 가족 일주일 생활비인데'라는 생각이 들어서 "그렇다면 내가 잘라주겠다" 해서 애들과 남편 머리를 커트하기 시작했죠. 지금까지도 제가 잘라요.

박종진　남편은 민영일 대법관이고 부인은 국회의원인데 집에서 머리를 직접 자른다, 정말 대단한 것 같습니다. 아나운서도 하셨죠?

박선영　네, 한 1년 반 했어요.

박종진　다시 한 번 방송 해보고 싶은 생각 없으세요?

박선영　어떨 때 박종진 앵커가 방송 진행하는 것을 보면서 '아, 나도 또 한 번 해보고 싶다'라는 생각이 들긴 하죠. 그런데 그거야말로 꿈이고 이제는 그럴 수도 없겠죠.

박종진　오늘 이 자리에서 "다신 정치 안 한다"라고 선언하시면 여기저기서 방송 앵커로 스카우트 제의가 들어올텐데, 어떻게 불출마 선언 하시겠습니까?

박선영　지역구에 출마할 생각은 조금도 없고요. 저는 대학교수(동국대 법대)로 18대 국회에 전문가 영입 케이스로 들어온 거거든요. 우리나라는 정치인을 그냥 뭉뚱그려서 '정치인'이라고 부르는데 학문적으로는 '폴리티션(Politician), 스테이트맨(Statesman), 컨그레스맨(Congressman)'이 달라요. 영어로는 구별하는데 우리말에는 그런 구별이 없어요.

박종진   다 똑같이 느껴지는데요?

박선영   '폴리티션'은 정치꾼으로, '컨그레스맨'은 국회의원으로 번역할 수 있겠죠. 그러니까 정치꾼 중에 당선이 된 분들을 '컨그레스맨', 전문적 식견을 인정받은 분들을 '스테이트맨'으로 부르는데, 제 직업이나 성격으로 봐서도 '폴리티션'이 될 수는 없어요. 그러니까 지역구 의원을 꿈꾸는 사람들이 '폴리티션'이거든요. 그것은 제가 할 수가 없기 때문에 지역구에 나갈 생각이 전혀 없다는 거죠.

박종진   그러니까 지역구에는 불출마한다는 거죠? 그리고 비례대표는 두 번 못 하잖아요.

박선영   대체로 그렇죠. 예전엔 두세 번 했는데.

박종진   그럼, 다른 당에서 비례대표 주겠다고 하면 할 수도 있겠네요?

박선영   그러려면 저와 그 당의 정체성이 맞아야 되지 않겠어요? 제가 추구하는 것과. 저는 헌법학자이기 때문에 우리 헌법의 이념과 원리를 제대로 구현할 수 있는 정당이라면 한 번 생각해볼 수도 있겠지만요. 하지만 그런 정당이 우리 자유선진당 말고 또 있는지 거기에 대해서는 부정적이에요.

자유선진당은
식물정당이다

박종진　　한나라당, 지금은 새누리당이죠. 항간에서는 박 의원이 새누리당이나 민주통합당으로 갔으면 더 빛이 났을 거라는 이야기도 있었는데……. 왜 자유선진당을 선택하셨습니까? 충청도 출신 아니시죠?

박선영　　네, 저는 강원도 사람이에요. 솔직히 말씀드리면 다른 정당에서도 제의는 있었지만 제가 단칼에 잘랐습니다. 단호하게 거절하니까 큰 정당들은 더 이상 이야기를 안 하더라고요. 자유선진당은 제가 거절을 했는데도 꾸준히 설득했어요. 제 전공이 법학이니까 입법부에 가서 실무를 좀 해보고 학생들을 가르치면 더 살아 있는 학문을 할 수 있겠다는 판단도 했어요. 지금은 저의 선택을 전혀 후회하지 않아요. 자유선진당과 저의 정체성이 무척 잘 맞기 때문이지요. 같이 일하시는 분들이 저를 많이 포용해주셨고 그런 것들이 축복이라고 생각합니다.

박종진　　원래 비례대표는 당에 돈 내는 자리죠? 당비 많이 내는.

박선영　　아니요. 다른 지역구 의원님들하고 똑같이 한 달에 얼마씩 내는 것 외에는 전혀 없어요. 저 말고도 우리 자유선진당에서는 비례대표 하면서 돈 갖다주시는 분은 전혀 없으신 것으로 알고 있어요. 전문적 지식과 식견이 필요해서 저한테 와달라고 해놓고 돈까지 내라는 것은 말이 안 되는 거죠. 비례대표가 돈 주고 얻는 그런 나라라면 더 이상 정치 발전을 기대하긴 힘들지 않겠습니까?

박종진　　비례대표를 돈 주고 얻는 그런 정당이 있는 나라라면 정치

발전을 기대할 수 없다?

박선영　　그럼요. 그러면 나라도 좀먹는 거고요. 그런데 반듯한 정당에 대해서는 우리 국민들이 눈길을 잘 안 주시더라고요. 막 때려 부수고 최루탄도 터뜨리고 해야 뉴스에 나오고……. 바른말 하는 사람들한테는 언론이 별로 주목을 안 해서 참 안타까워요.

박종진　　박 의원 말대로 반듯한 정당이 있다면 참 좋겠는데 현실이 그렇지 못해 안타깝네요. 오늘 일(박희태 국회의장의 사퇴)*만 해도 전당대회 돈봉투 사건이 터졌을 때 바로 박 국회의장이 물러나셨어야 되는데 시간만 끌다 상당히 모양새가 안 좋게…….

박선영　　그러게요. 돈봉투 사건이 터지자마자 물러나야 된다고 브리핑을 했는데 그때 물러나셨으면 '명예'라고 할 건 없지만 그래도 당신의 정치 인생을 정리하는 면에서 훨씬 나았을 텐데……. 오늘 여러 가지로 답답하고 씁쓸하고 그러네요.

박종진　　오늘 심대평 대표하고 한바탕 하셨죠.

박선영　　오늘은 안 했어요(웃음).

박종진　　며칠 전 박 의원이 "자유선진당은 식물정당이다. 심 대표는 사퇴하라"라고 했더니 심 대표가 박 의원에게 "밖에서 소리만 지르는 방관자"라고 비꼬았죠. 그때 "이회창은 일편단심 추종하는 박선영을

---

* 고승덕 의원이 폭로한 한나라당 전당대회 돈봉투 사건으로 궁지에 몰린 박희태 국회의장은 2월 9일자 동아일보 1면에 전 비서였던 고명진 씨의 '고백의 글'이 실린 뒤 결국 사퇴했다. 기사에서 고 전 비서는 고 의원으로부터 300만원을 돌려받은 뒤 그날 오후 당시 박희태 캠프 상황실장이었던 김효재 청와대 정무수석에게 직접 보고했다고 밝혔다. 그는 "책임 있는 분이 자기가 가진 권력과 아랫사람의 희생만으로 위기를 모면하려는 모습을 보면서 결단을 내리지 않을 수 없었다"라며 고백하게 된 배경을 설명했다.

데리고 떠나라"*라는 말도 나왔는데 이 전 대표하고는 일편단심인 사이입니까?

박선영　제가 이 전 대표의 연인도 아닌데 일편단심이라니요?

박종진　두 분이 원래 알고 계셨습니까?

박선영　전혀 몰랐어요. 물론 저야 이 전 대표를 알죠. 대한민국 국민 중에 모르는 사람이 누가 있겠어요. 더구나 저는 법대 교수니까 학생들에게 대법원 판례를 많이 가르쳐요. 판례에 보면 정말 주옥같은 소수의견을 많이 내셨거든요. 그래서 학생들에게 "판례 평석해 와라. 읽어 와라" 이랬죠. 이 전 대표의 판례를 읽을 때마다 '이분은 정말 다시 보인다'라는 생각을 했거든요. 이 전 대표를 두 번 뵌 적이 있는데 첫 번째 뵌 것은 기억을 잘 못하셨고 두 번째 뵌 것은 기억을 하시더라고요. 첫 번째 만남은 제가 헌법학회 부회장을 할 때 헌법학회에서 특별강연을 한 번 하셔서 그때 뵈었고요. 두 번째는 제가 대선 후보자 토론회 사회를 봤을 때였어요. 방송이 끝난 뒤 다른 당의 후보들은 저한테 악수도 청하며 언제 차라도 한 번 마시자고 하셨는데 이 전 대표는 저한테 그런 말씀을 전혀 안 하고 가셨더라고요. 그러면서 다른 분한테 "사회 본 사람이 누구냐?"라고 물었다고 하더라고요. 개인적인 접

---

* 박선영은 2012년 2월 6일 성명을 통해 "남들은 100m 달리기를 시작했는데, 우리 당은 아직 신발 신을 생각도 안 하고 있다. 총선을 치르겠다는 것인가, 말겠다는 것인가"라며 "심대평 대표는 책임져야 한다. 대표직을 사퇴하고 총선 불출마 선언이라도 해야 한다"라고 말했다. 그러자 심 대표의 측근인 심상억 당 정책연구원장이 성명을 통해 이회창 전 대표를 맹공격했다. 그는 "이 전 대표는 충청권 기피 인물인 박세일이 만든 신당과 합당, 새누리당 공천 탈락자를 규합해 총선을 치르고 그 당의 대선 후보가 된 뒤 보수대연합과 후보 단일화를 하면 대통령이 될 수 있다는 망상에 젖어 있다"라며 "당을 탈당해야 한다. 탈당하는 김에 일편단심 추종하는 박선영과 11개 시도 당위원장들도 모두 데리고 떠나길 바란다"라고 일갈했다.

측은 전혀 없었습니다.

박종진　.심대평 대표, 무엇이 문제입니까? 솔직히 말씀해주세요.

박선영　리더십에 조금 문제가 있지 않나 싶어요. "사퇴해라. 총선 불출마해라", 이런 말씀을 드린 것은 사실 우리 당이 위기의식을 갖고 새로 출발하자는 차원에서였어요. 그러니까 '배가 침몰한다는 사실을 알면서도 그 말을 하면 창피하니까 혹은 우리 당이 힘들어지니까 말하면 안 된다'라는 식인데 이건 아니잖아요. 침몰하고 있으면 빨리 물을 퍼내고 배를 수리해서 다시 항해할 수 있도록 해야 되잖아요. 말하자면 스님들이 선방에서 참선하실 때 죽비소리 내는 것하고 같은 맥락에서 '우리 당이 이대로 가면 안 된다. 다들 정신 차리고 새출발하기 위해 신발 끈을 다시 매자'라는 의미로 드린 말씀인데 어떻게 받아들이셨는지 모르겠어요.

사람 말이 아닌 것에는 대꾸할 가치가 없다

박종진　박 의원과 차근차근 대화를 나누다 보면 누님 같고 어머님 같은데, 본인이 소속된 당에 대놓고 식물정당이라고 하거나 대표 사퇴하라는 말을 하는 것을 보면 독하다는 생각도 들어요.

박선영　제가 독한가요?(웃음)

박종진　그러니까요. 국회의원 하면서 사람들을 많이 잃기도 하셨을 것 같은데 어떻습니까?

박선영　잃기도 하고 얻기도 하고 그랬어요. 독한 말을 들으면 그 누가 기분이 좋겠습니까? 인간인데. 섭섭해하는 분들도 있고 타박하는 분들도 계시지만 의외로 지지해주시는 분들도 많아요. 제가 하는 말이 "일리 있다. 용기 있다"라면서요. (국회에서 최루탄을 터뜨린) 김선동 통합진보당 의원을 국회 윤리위원회에 제소했을 때 많은 분들이 저에게 박수와 격려를 보내주셨어요. 또 제가 벌이고 있는 탈북자 지원을 위한 '물망초 배지 달기 운동'에도 많은 분들이 편지와 전화, 문자메시지를 보내주셔서 '외롭지 않구나'라는 생각도 했습니다.

박종진　아까 분장실에서 같이 공범 이야기 했잖아요. 그쪽 편들면 공범인가요?

박선영　불의인 걸 알면서, 잘못된 걸 알면서 침묵하는 자는 공범이라는 거죠. 예전에 읽었던 책에서 잊히지 않는 대목이 있어요. 유대인들이 아우슈비츠 수용소에서 가스실로 끌려가고 있는데 그중 앞에 있던 사람이 "난 잘못한 게 아무것도 없는데 내가 왜 이렇게 죽어야 되느냐"라고 절규하니까 뒤에 있던 사람들이 "당신이 아무것도 하지 않았기 때문에 우리 모두 이렇게 된 거다"라고 이야기하는 장면이 나와요. 우리가 잘못된 것을 고쳐야 한다고 생각하면서도 내가 받을 (비난의) 화살 같은 것 때문에 침묵으로 일관하거나 여기에서는 이런 이야기, 저기에서는 저런 이야기 하면서 인심을 잃지 않으려고 하는 경우가 많잖아요. 그런데 결국 그렇게 하다 보니까 우리 사회가 이 지경에까지 이르게 된 거죠. 조금 다른 이야기지만 바로 이런 이유 때문에 내부 고발자 같은 분을 보호하는 일도 하는 것이고요.

박종진　그런 말하면 왕따 당하지 않습니까?

박선영　왕따 당할 것도 각오해야지요. 용기가 필요한 거고요. 희망과 행복은 바이러스라고 그러잖아요. 내가 웃으면 옆사람에게도 그 웃음이 전염되듯이 용기도 저는 바이러스라고 생각해요.

박종진　오늘 이거 하나 외우고 가면 될 것 같네요. '불의에 침묵하면 공범이 된다. 불의에 침묵하지 말자'. 그래서 탈당하실 건가요? (당에서) 탈당하라고 했잖아요.

박선영　제가 왜 탈당을 합니까? 이런 말씀 드려도 될지 모르겠는데요. 공자님이 제자들하고 길을 가다 어떤 사람이 나무 뒤에 숨어서 볼일을 보고 있는 걸 발견하고 막 야단을 치셨대요. "아니, 인간이 부끄러운 줄도 모르고 가느다란 나무 뒤에서 볼일을 보다니". 그러고는 한참을 가고 있는데 이번엔 또 다른 사람이 나무도 없는 그냥 벌건 데서 볼일을 보고 있었대요. 그래서 제자들이 공자님 눈치를 살폈죠. 공자님이 이번에는 어떻게 하나 했더니 못 본 척 아무 말씀도 안 하시고 가시더래요. 그래서 제자들이 "공자님, 아까 그 사람은 나무 뒤에서 볼일을 봐도 야단을 치시더니 벌건 데서 볼일을 보는 사람한테는 왜 아무 말씀도 안 하십니까?"라고 물었어요. 공자님이 뭐라고 대답하셨을 것 같아요?

박종진　뭔가 기가 막힌 말씀을 했을 것 같은데요.

박선영　"나무 뒤에 숨어서 볼일을 보는 사람은 부끄러움이 뭔지를 아는 사람이다. 하지만 벌건 데서 볼일을 보는 사람은 부끄러움조차 모르는 사람이다. 그런 사람은 사람이 아니기 때문에 야단칠 필요도 없다", 이렇게 이야기하셨다고 합니다. 그래서 저는 그분이 하신 그런 말은 사람의 말이 아니라고 생각합니다. 그것에 대꾸를 하는 것 자체가 좀 격이 떨어진다고나 할까요? 대꾸할 가치가 없는 거죠.

박종진　심 대표의 탈당하라는 이야기에는 대꾸할 가치도 없다?

박선영　그것은 심 대표께서 하신 말씀이 아닙니다.

박종진　나가라고 했지 않습니까?

박선영　아니에요. 심 대표께서 하신 말씀이 아니에요.

박종진　측근이 이야기한 겁니까?

박선영　심 대표께서 그분은 측근이 아니라고 하셨기 때문에. 저는 심 대표의 말씀을 그대로 믿고 싶어요. 그런 말씀을 하신 분은 우리 당의 주요 당직자세요. 더구나 아무런 존칭도 없이 "이회창은 박선영을 데리고 떠나라"라니, 아니 우리가 김정일에게도 김정일 국방위원장이라고 공식적으로 대우를 해주지 않았습니까? 그런데 최소한의 예의도, 도리도 없이 하는 말에는 대꾸하면 안 되죠.

박종진　공자님 이야기에 비유하며 "부끄러움을 모르는 사람이 하는 말에는 아무런 대꾸를 할 가치가 없다"라고 하시니 이거 제대로 한방 맞은 것 같습니다. 지난해 독도 수호 의지를 알리기 위해 본적을 독도로 변경하셨지요? 평소 인권 문제나 성매매 정책에도 목소리를 내왔는데…….

박선영　저는 우리나라의 근현대사를 배우면서 굉장히 마음이 아팠어요. 이탈리아도 우리나라처럼 반도국가잖아요. 그런데 그들은 로마제국을 세워, 표현은 좀 이상하지만, 세계 역사에 근사하게 한 획을 그었는데 '우리는 왜 이렇게 힘들고 굴곡진 삶을 살아야 했을까. 그리고 아직까지도 왜 이렇게 해결을 못 하고 있나'라는 생각에 괴로웠거든요. 더 가슴 아픈 것은 나라가 힘이 없어서 아프게 굴러가는 역사의 수

레바퀴에 치여버린 분들, 예를 들면 사할린 동포라든가 위안부 할머니들, 중앙아시아에서 카레이스키(고려인)라고 불리며 국적도 없이 떠돌아다니는 분들, 이민 초기 하와이나 멕시코에 노예처럼 가신 분들, 국군포로들, 제가 볼 때 이분들은 모두 역사의 조난자예요. 지금의 탈북자들이나 전시전후 납북자들도 마찬가지고요. 국가가 이분들을 위해 정말 해야 할 일을 지금까지 못 해왔다. 그래서 이런 분들을 위해 일하는 것이 정부고, 그런 분들의 눈물을 닦아드리는 것이 입법부나 국민의 대표가 해야 될 일이다. 이렇게 생각해서 열심히 하려고 했던 것입니다.

박종진   정말 좋은 말씀이네요. 오늘 지역구 불출마 선언을 하셨는데 지금 맨 마지막에 말씀하신 거 더 열심히 공부하셔서 언론에도 이야기하고 학생들한테도 이야기해서 정말 멋진 이 나라의 리더, 꼭 정치인만 리더가 되는 것은 아니니까, 그렇게 되어주시면 고맙겠습니다.

박선영   네, 많이 도와주십시오.

박종진   국회의장 사퇴하신 분도, 국회의원 불출마 선언을 하신 분도 있으시죠. 오늘은 직관에 대해 말하고 끝맺겠습니다. 국어사전에 찾아보면 직관은 '경험이나 연상, 판단, 추리 따위의 생각을 거치지 않고 직접적으로 실천하는 것, 파악되는 것'이라고 합니다. 하늘이 주는 느낌이라고 해야 할까요? 우물쭈물하지 말고 본인의 직관을 강력히 믿고 추진하십시오. 그럼 뭔가 됩니다.

'탈북자의 대모(代母)'로 불리는 박선영은 2012년 5월 말 자유선진당을 탈당했다. 그리고 6월 탈북자 지원을 위한 사단법인 '물망초(가칭)'를 설립했다. 탈북 아동을 위한 대안학교 설립, 탈북 청소년에 대한 영어 교육 지원, 탈북 국군포로를 위한 요양원 설립 등을 추진하기 위해서다. 18대 국회를 끝으로 여의도 정치판을 떠나 본업인 교수(동국대 법대)로 돌아간 박선영은 "정치에는 관심을 끊고 가르치는 일에만 전념할 것이다"라며 "새로운 일을 위해 임기 초반 때처럼 뛰고 있다. 잠잘 시간도 부족하다"라고 말했다.

내가 만난
박선영

나보다 선배이지만 나이가 무색하게 정말 예쁜 분이다.

생각도 예쁘고 얼굴도 예쁘고……. 조그마한 체구 어디에서 그런 용기가
나오는지 늘 감탄한다. 처음 뵀을 때 우리나라 국회의원 중에 이런
훌륭한 분도 있구나, 하고 놀랐다.

단아하고 명석하며 정직하고 상황을 올바로 인식하는 분 그리고 진실을
위해 몸을 던지는 분.

〈박종진의 쾌도난마〉에는 세 번이나 출연했다. 내가 좋아하고
제작진이 존경해서다. 현 정치 상황을 비판하면서도 희망의 끈을
놓지 않았다.

늘 조곤조곤 말하면서도 명쾌했다. 그의 이야기를 듣다 보면 다음 질문
을 잊어버리기 일쑤였다. 그냥 이야기 속으로 빨려 들어가는 것
같았다. 이야기를 푸는 과정이 논리적이면서도 재미있었기 때문이다.

그는 지역구 의원으로 나서는 것을 꺼렸다. 정치를 구질구질하게
하지 않겠다는 의지로 읽혀졌다. 결국 정치권을 떠나 교수로 보내는
지금 시간을 무척 즐기는 듯 보였다.

느낌이 좋은 사람 그리고 남을 편안하게 만드는 사람.

남편(민일영 대법관)은 무척 행복할 것 같다.

나는 그가 완벽한 정치인의 모습을 보여주었다고 생각한다.

이동관

"
청산과
단절의 역사가
반복되면
남는 게 없다
"

김미화 씨나 김제동 씨가 방송에서
하차하게 됐던 객관적 이유도 있었습니다.
이를테면 청취율이 떨어지고 있다든가, 오래했다든가.
그런데 이번에 서기호 판사의 재임용 탈락도
똑같은 거라고 생각하거든요.
실제로는 최하위의 근무 성적 때문에 재임용에서 탈락한 것인데,
"내가 대통령 비판하는 글을 용기 있게 썼기 때문에
불이익을 당했다"라고 말하는 건 본말을 전도시키는 거죠.

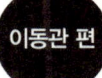

'뼛속까지 MB맨'이라 불리는 이동관은 서울대 정치학과를 졸업하고 동아일보 정치부 기자와
논설위원을 거쳐 2008년 대통령 대변인, 2009년 대통령 비서실 홍보수석,
2011년 대통령 언론특별보좌관으로 활동했다. 특히 이명박 대통령이 당선된 뒤에는
1년 반 동안 대변인으로 일하면서 특유의 카리스마로 '대통령의 입' 역할을 했다.
하지만 일각에서는 MB의 이미지를 깎아내린 일등 공신이 아니냐는 지적도 있다.
대통령의 마사지 발언 논란, 세종시 국민투표 발뺌 논란까지 만들면서
'청와대의 문제아'로 비난받기도 했다.
_2012년 2월 15일 방송

박종진　　"이명박 대통령은 뼛속부터 서민이다"라고 발언해 화제가
되기도 했던 인물입니다. 이명박 정부에서 핵심 역할을 맡았던 분이며
현재 위기에 빠진 MB맨들의 가장 앞자리에 서 있기도 한 분입니다.
이분, 청와대 홍보수석 시절 상당히 무서웠습니다. 이번에 총선 출마
한다고 해서 여론이 무척 따가운데…… 자세한 이야기를 좀 들어봐야
할 것 같습니다. 인간 이동관, 어떤 분인지 오늘 만나보겠습니다.

이동관　　안녕하십니까?

박종진　　프롤로그가 좀 셌죠?

이동관　　글쎄요, 예상보다는……. 친정집에 왔는데 처음부터 상당히
긴장시키네요.

박종진　요즘 겨울이 춥죠?

이동관　네, 하지만 열심히 뛰어다니다 보니까 아직 추운 걸 잘 못 느끼겠습니다.

박종진　권력의 실세로 있다 나오니까 더 춥지 않습니까?

이동관　아니요, 원래 실세도 아니었지만 안(청와대)에 있을 때도 항상 하산 훈련을 해왔어요(웃음). '언젠가 내려가야 할 곳이다'라고 생각해왔기 때문에 별로 실감이 나지 않습니다.

박종진　청와대 홍보수석으로 있을 때랑 비교해 전화 오는 숫자도 줄어들고, 자주 얼굴 비추던 사람들도 안 찾아오고……. 이런 경우가 있지 않습니까?

이동관　현직에 있을 때는 구체적인 용무가 있는 분들의 전화가 많았고요. 지금은 제가 바쁠 걸 배려해 전화 안 했던 분들이 "잘 지내느냐? 힘내라" 같은 격려 전화를 많이 해주셔서 인간적으로 따뜻한 온기를 더 많이 느끼고 있습니다.

박종진　지금 전화하시는 분들이 진짜 프렌드죠. 종로에 출마 선언을 하셨는데 왜 하필 종로입니까?

이동관　첫 번째 이유는 제가 동아일보사에 근무하면서 25년 가까이 종로에 젊음을 바쳤다는 점이고요. 두 번째 이유는 1987년 민주화 항쟁 당시 종로경찰서 출입기자를 했기 때문입니다. 회사 바로 앞길인 종로가 시위의 주전장 아니었습니까? 그래서 최루탄 맞으면서 취재하러 다녔는데 제가 땀을 많이 흘리는 탓에 땀과 최루탄이 섞여 피부가 허는 바람에 한 달 이상을 고생했습니다. 신혼 때 집사람이 목에 연고를 발라주면서 눈물을 흘렸던 기억이 있는데, 그게 회사 사보에도 나왔어요.

박종진　　그때 기사는 학생들 입장에서 썼습니까, 아니면 정부 편에서 썼습니까?

이동관　　그때는 그야말로 민주화운동의 최선봉에 동아일보가 서 있었기 때문에 저희들도 자부심을 가지고 기사를 썼고, 어딜 가든 동아일보 기자라고 하면 환영받고 힘내라는 격려를 받았죠.

박종진　　그때는 검열도 있고 그러지 않았습니까?

이동관　　그랬죠. 당시 신문사 선배님들 가운데 기사 잘못 썼다가 기관에 끌려가는 통에 (국가안전기획부가 있던) 남산 앞까지 저희 신문사 차량이 쫓아가고 그랬던 기억이 납니다.

박종진　　"종로에 정운찬이 출마하면 양보하겠다"라고 이야기하셨죠?

이동관　　네.

박종진　　그런데 종로라는 곳이 우연인지 모르겠지만, 13대부터 18대까지 한나라당 전신인 신한국당과 한나라당 출신 의원이 계속 당선됐습니다(1998년 재보궐선거 당시 노무현 전 대통령 당선은 제외). 야당의원이 된 적이 없어요. 그만큼 보수 성향이 강한 지역인데 그 이유 때문에 종로를 선택한 거 아닙니까?

이동관　　그건 아닙니다. 제가 가진 자산과 부채를 승계하겠다고 이야기했기 때문에. 그것을 승계해서 공정하게 승부할 수 있는 전장이 어딜까, 고민하다 쉽게 싸울 수 있는 강남을 포기하고 강북으로 온 거거든요.

박종진　　원래 강남에서 출마하고자 하는 마음도 있었죠?

이동관   25년간 서초에서 살았는데 왜 미련이 없겠습니까? 그런데 안팎의 여러 상황도 그렇고 또 공정하게 말하자면 공과를 걸고 싸울 전장이 아니다라는 판단을 했습니다.

박종진   너무 쉽죠. 전투력이 없어도 되니까요.

이동관   글쎄요. 그렇게 이야기하면 강남에 계신 분들이 섭섭하게 생각할지 모르겠는데, 객관적으로 보면 새누리당이 강세를 보이는 지역인 건 사실이죠. 종로는 상대적으로 보면 접전 지역이라 이야기할 수 있겠죠.

박종진   이명박 대통령의 이름을 걸고 종로에 출마하겠다고 그랬는데요. 대통령의 이름을 걸면 떨어지는 것 아닙니까, 지금 분위기상?

이동관   저는 뭐 그렇게 생각하지도 않지만 설령 또 그것 때문에 불리한 점이 있더라도 개의치 않습니다. 개인적으로 이명박 대통령과 학연, 혈연, 지연 등 걸리는 게 아무것도 없기 때문이죠. 이른바 특정 대학, 특정 지역, 특정 교회 출신도 아니고 심지어 서울시 라인이라는 S라인도 아니거든요. 어쨌든 저를 중용해주시고 여당 내에서조차 빨리 끌어내리라고 할 때도 저를 지켜주셨습니다. '선비는 자기를 알아주는 사람을 위해 목숨을 바친다'라는 말처럼 저로서는 대통령이 지향하는 가치를 지키는 것이 온당하다고 생각하고 있습니다.

국격 업그레이드는
MB 정부의 치적

박종진   양정철 전 청와대 홍보기획비서관이 "노무현 대통령 퇴임 후에 봉하마을에 30명이 따라갔고, 대소사가 있을 때마다 300명이 모였다. 이명박 대통령 퇴임 뒤에는 과연 몇 명이 쫓아갈 것이며, 대소사에는 몇 명이 모이겠느냐. 그런 의미에서 쭉 이 대통령 곁을 지키는 이동관 전 홍보수석을 높이 평가한다"라는 말을 했죠. 여기에 대해 어떻게 생각합니까?

이동관   뜻밖의 과분한 평가에 민망하기도 하고 놀랍기도 한데요. 제가 제일 좋아하는 일본어 표현 중 '적이지만 괜찮은 사람'이라는 말이 있는데 어떻게 보면 최고의 찬사거든요. 양 전 비서관의 말도 비슷한 칭찬인 거 같아 감사하게 생각합니다. 하지만 이명박 대통령께서도 쌓아오신 정치적 자산이 많고 그걸 이어받으려는 분들도 많기 때문에…… 수백 명이 따라갈 것이라고 생각합니다.

박종진   솔직히 양 전 비서관 미워했죠?

이동관   솔직히 말하면 미워하기도 했고 비판도 했습니다. 그랬는데 이번에 인터뷰*하신 내용을 보고 사실 좀 놀랐습니다. 그리고 실제로

---

* 양종철 전 비서관은 2월 15일 한 언론과의 인터뷰에서 이동관에 대해 "이 대통령 퇴임 뒤 모일 친이가 몇이나 되겠냐. 그런 의미에서 쭉 이 대통령을 곁을 지키고 있는 이동관 전 홍보수석을 높이 평가한다"라고 말했다. 이에 이동관은 2012년 2월 19일 오마이뉴스와의 인터뷰에서 양정철 전 비서관에 대해 "예전에는 꼴통인 줄 알았는데, 이번에 그 사람 다시 봤다"라며 "'과부 사정 과부가 안다'라는 말처럼 막상 내가 해보니까 '온몸으로 책임지고 하겠다'라는 자세에 대해 좀 이해가 되더라"라고 칭찬했다.

제가 청와대에 들어가 일하면서 비서관들한테 이런 이야기를 했습니다. "양 전 비서관 같은 사람이 나도 그립다. 너희도 그런 열정을 갖고 일을 해라"라고요. 죄송합니다. '너희'라는 건 제가 그때 편하게 이야기한 거니까. 상대 입장이 돼서 생각해보니 '그 사람은 그때 열심히 한 거구나'라는 걸 깨닫게 되더라고요. 그런 의미에서 저에 대한 최고의 찬사를 보내주신 걸로 생각하겠습니다.

박종진 '이명박 대통령이 한 게 없다. 잘못하고 있다', 이러면서 세간에서는 온갖 비난을 하지 않습니까? 홍보수석을 하셨으니까 세 가지만 이야기해주세요, 이명박 대통령이 잘한 거.

이동관 자화자찬한다고 그럴까 봐 조심스러운데 분명히 말씀드릴 수 있는 것은 자칫 IMF 때 같은 경제위기가 올 수도 있었던 상황을 재빠르게 대처해 슬기롭게 잘 극복했다는 겁니다. 그다음은 잘 아시다시피 국격의 업그레이드죠. 물론 앞선 정부에서 계속 축적됐고 이번 정부가 어떤 부분에서는 그 수혜를 입은 것도 있겠지만요. 분명한 것은 우리나라가 세계 7대 무역대국에 들어섰다는 겁니다. 외국에 나가보면 한국이 이렇게까지 위상이 높아졌나, 하는 것을 실감하실 수 있을 겁니다. 이게 그냥 된 게 아닙니다. 외교력이 결실을 맺은 데다 불철주야 노력했기 때문에 가능했던 일이지요. 지금 양극화 문제도 있고 국민들이 느끼는 체감경기가 안 좋다 보니까 여론이 나쁜 것도 솔직히 인정하고 송구스럽게 생각합니다. 하지만 잘한 것은 평가해줬으면 합니다. 특히 한미동맹을 복원시킨 거라든가 4강 외교를 강화한 것도 높이 평가받을 수 있다고 생각합니다.

박종진 누가 봐도 친이계였는데, "나는 친이계가 아니다"라고 이야기하는 분들한테 한마디해주세요.

이동관 임기 초 대통령께서 농담으로 하신 말씀이 있습니다. "나는 친이계라 그래서 친이재오계를 말하는 줄 알았는데 나를 두고 말하는 거더라. 대통령이 됐는데 무슨 친이, 친박이 따로 있느냐. 다 한 덩어리지"라고요. 어쨌거나 한때 주류라던 친이계를 자처하던 분들을 전보다 찾기 어려운 상황이라고 하네요. 제가 새삼 깨달은 것 중 하나가 내부의 적이 제일 무섭다라는 겁니다. 그러니까 저희는 전선에서 열심히 싸우고 있는데 뒤에서 응원하기는커녕 총을 쏘는 사람들이 꽤 있다는 걸 많이 느꼈습니다. 우군에게 총질하는 사태가 벌어지는 것은 결코 바람직한 일이 아닙니다. 국민들이 그런 모습을 냉정하게 쳐다보고 있다는 걸 명심해야 한다고 생각합니다.

박종진 정치하기 전에 기자 하셨잖아요? 정치라기보다 대통령 옆에서 비서를 하셨는데, 청와대에서 나와보니까 어떻습니까? 기자 했을 때와 비교해 달라진 거랄까.

이동관 정치라는 게 흔히 이야기하듯 진흙탕에서 연꽃을 피워내는 것 같은 작업이기 때문에 일사분란하고 매끄럽게 되질 않죠. 지역주의 정치, 돈 정치 그리고 자기네들끼리 밀실에서 결정해버리는 그런 것들을 보면서 국민들이 분노감과 상실감을 느끼는 게 당연합니다. 밖에 있을 땐 '공직에 있으면 70%는 나라를, 30%는 자기를 걱정하겠지'라고 추측했습니다. 물론 정치인도 사람이니까 개인적인 이익을 생각 안 할 수 없죠. 그런데 안에 들어와서 보니까 나라보다는 자기 밥그릇 걱정하는 분들이 예상외로 많다는 느낌을 받았습니다.

대통령 눈과 귀 멀게 한
장본인이라는 평가 억울

박종진　'이동관 홍보수석이 이명박 대통령의 눈과 귀를 멀게 한 장본인이다'라는 글 보셨죠?

이동관　사실 억울하죠. 비서는 원래 입이 없기 때문에 그런 비판이 있을 때도 아무런 대꾸를 안 했습니다. 실제로는 이야기할 기회가 있었지만……. 제 나름대로는 눈과 귀 역할을 충실히 했다고 생각을 합니다.

박종진　"똑똑한데 욕심이 많다"라는 이야기가 있었거든요.

이동관　일 욕심은 많습니다. 저는 처음부터 '일르 승부하겠다. 인사나 이권에 절대 개입하지 않겠다'라는 생각을 했고 그걸 지켰습니다. 다만 열심히는 했지만 국민들의 기대를 충족시키지 못한 잘못은 있다고 생각합니다.

박종진　검찰 소환을 안 당하고 유일하게 살아남으신 분 아닙니까? 그걸 신기해하는 사람들이 많아요. 철저하게 자기관리를 하신 거죠?

이동관　하나도 신기할 것이 없는 게요. 어떻게 보면 언론사 간부도 공직자입니다. 물론 그때는 지금보다 더 자유로운 입장이었지만. 어떤 행동을 할 때 '나는 이걸 해도 되겠지'보다 '이렇게 하면 남들한테 어떻게 비춰질까'를 먼저 생각했습니다. 항상 처신에 조심해야 된다는 것을 공직에 들어와서 더 유념하면서 행동했습니다.

박종진　언론특보 시절 김제동, 김미화, 윤도현 씨 등이 진행하던 방송에서 하차했어요. 앵커들도 일부 교체됐고요. 방송사에서는 "아니다"라고 부인했지만 방송사랑 청와대가 소통을 너무 세게 해서 그런일이 생기지 않았을까, 하는 생각도 드는데요.

이동관   그런 생각이 들 수도 있겠죠. 하지만 일부 사안에 대해서는저도 반대했습니다. 왜 그렇게까지 무리하게 일을 하느냐고.

박종진   직접 시키신 게 아니죠? 그때는 힘이 엄청나셨잖아요. 전화한 통만 해도 방송과 언론이 다 떨고 그럴 때 아닙니까?

이동관   글쎄요, 수긍하기 어려운 말인데요. 대부분 자율적으로 이루어지는데……. 짐작컨대 어떤 분위기 같은 게 있으면 대개는 따로이야기하지 않더라도 알아서 움직이는 부분이 생기지 않습니까? 그런과정에서 조금 더 나간 결정도 있지 않았나, 하는 생각이 듭니다.

박종진   '자율적으로 오버했다', 이런 이야기죠? 그러면 빨리 전화해서 복귀시키라고 하면 되지 않습니까?

이동관   그 말씀이 모순인 게 '그렇게 하라고 시켜서는 안 되는 거'나'이미 결정된 것에 대해 왜 그렇게 했냐라고 하는 거'나 다 똑같은 이야기 아닙니까? 그러니까 뭐라 할 수가 없는 거죠. 그리고 결국 사실이아닌 것은 다 밝혀집니다.

박종진   김미화 씨도 해당 방송사에 대해 이런저런 이야기를 했고,김제동 씨도 시기적으로 하차할 때가 아니었기 때문에 모두들 의아해했죠. 국민들은 이 일로 인해 이명박 정부에 등을 돌린 부분도 많거든요.

이동관   논박하고 싶은 생각은 없으나 당시에 그분들이 하차하게 됐던 객관적 이유도 있었습니다. 이를테면 청취율이 떨어지고 있다든가, 오래했다든가. 그런데 이번에 서기호 판사의 재임용 탈락도 똑같은 거라고 생각하거든요. 실제로는 최하위의 근무 성적 때문에 재임용에서 탈락한 것인데, '내가 대통령 비판하는 글을 용기 있게 썼기 때문에 불이익을 당했다'[*]라고 말하는 건 본말을 전도시키는 거죠. 그러니까 그런 부분도 없지는 않았다, 이렇게 이야기할 수 있겠습니다.

박종진　항상 오얏나무 밑에서 갓끈을 고쳐 매니까요. 갓끈 매는 걸로 보여야 되는데 열매 따는 걸로 보이니까 거기서 논란이 시작되죠.

이동관　요새는 오히려 보수 쪽의 많은 분들이 할 말을 당당하게 해야 되는데. 오얏나무 밑에서 갓끈 매다가 오해받을까 봐 지나치게 조심한다는 비판도 많이 있죠.

박종진　청와대에 계실 때 언론사 상대로 고소·고발 많이 하셨죠?

이동관　아닙니다. 노무현 정부 때에 비하면 3분의 1밖에 안 됩니다. 개인적으로 한 거는 다섯 건인가, 여섯 건이었습니다. 예를 들면 가지도 않은 술집을 갔다든가, 하지도 않은 TK 비하 발언을 했다든가, 이런 건 정정 보도를 해달라고 했죠. 후폭풍이 엄청났거든요. 구제받을 수 있는 방법이 없지 않습니까? 그러니까 일단 소장을 내거나 언론중재 신청을 하고 그 언론이 해명해준 다음에는 다 취하를 했습니다.

박종진　이 전 홍보수석도 포함되는데 박형준 전 청와대 정무수석,

---

[*] 페이스북에 '가카의 빅엿'이라는 표현을 써 논란을 일으킨 서울 북부지법 서기호 판사가 지난 2월 10일 최하위권 근무 평가 점수를 받아 재임용에서 탈락했다. 법관 세 명과 외부 인사 여섯 명으로 구성된 법관인사위는 2월 7일 "서 판사가 본연의 재판 업무에 소홀한 점이 충분히 인정된다"라며 재임용 불가 의견을 대법원에 제출했었다.
재임용 탈락 후 서 판사는 통합진보당 비례대표 의원으로 선출됐으며 8월 29일 "재임용 탈락 결정을 취소하라"라며 양승태 대법원장을 상대로 서울 행정법원에 소송을 냈다.

박영준 전 지식경제부 차관 등 총선 출마를 선언하신 분들에 대해 일부에서는 '출마를 거둬라'라는 이야기도 흘러나오고 있는데요.

이동관　　지금 친이니, 친박이니 하면서 싸울 겨를이 없습니다. 불과 몇 년 전에 일어났던 일인데 착시현상 비슷한 상황이 또다시 일어나고 있지 않습니까? 이를테면 4년 전에 폐족 선언*을 했던 세력들이 특별히 잘해서 평가받는 게 아니지 않습니까? 그런 상황인데 지금 저희끼리 다툴 게 아니라 한 덩어리가 돼야 한다는 것이고요. 다른 측면에서는 5년마다 한 번씩 푸닥거리하듯이 청산과 단절의 역사가 반복되면 대한민국에 뭐가 남겠냐는 거죠. 그래도 60~70%는 계승해서 발전시켜나가면서 잘못된 걸 보완해야지, 모든 것을 원점으로 돌려서 새로 시작하자는 것은 잘못된 접근 방식이라고 생각합니다.

박종진　　이명박 대통령의 측근들이 돈봉투와 관련해 줄줄이 소환되고, 다른 뇌물 사건에도 연루되고 그래서 "대통령이 대국민 사과를 해야 될 시점이 아니냐"라는 이야기도 나오고 있습니다.

---

* '청족(淸族)은 독서를 하지 않는다 해도 저절로 존중받을 수 있으나 폐족(廢族)이 되어 세련된 교양이 없으면 미움을 받을 수밖에 없다. 사람들이 천하게 여기는 것도 서글픈 일인데, 너희들 스스로가 천하게 여기고 얕잡아보고 있으니 스스로 비참하게 만드는 일이다.'
다산(茶山) 정약용이 1801년부터 18년간의 유배 생활 중 자식들에게 보낸 편지의 일부다. 청족은 '대대로 절개와 의리를 숭상해온 집안'이고, 폐족은 '조상이 큰 죄를 지어 그 자손이 벼슬을 할 수 없는 집안'을 말한다. 후견인인 조선 22대 왕 정조가 갑자기 숨지면서 정약용은 폐족이 됐다. 그럼에도 편지를 통해 자식들에게 비굴하지 말고 꿋꿋이 살아가라고 독려하고 있는 것이다.
정치권에서 '폐족'이란 단어가 등장한 것은 17대 대선에서 한나라당 이명박 후보가 당선된 직후인 2007년 12월이다. 노무현 전 대통령의 오른팔이던 안희정(현 충남지사)은 "친노(親盧)는 폐족입니다. 죄 짓고 엎드려 용서를 구해야 할 사람들과 같은 처지입니다"라고 말했다. 2002년 노무현 정권을 화려하게 탄생시켰으나 실정(失政)을 책임지고 5년 만에 폐족 선언을 한 것이다.

이동관　　어차피 중요한 것은 과거가 아니고 미래 아니겠습니까? 더구나 국정에 대한 책임은 막중한 것이기 때문에 마지막 날까지 국민들이 부여해준 책무를 완수해야 됩니다. 국가 최고책임자로서 잘못된 부분은 깨끗이 사과하고요. 한 가지 분명히 말씀드릴 수 있는 것은 최소한 저희는 대선 과정의 정치자금에서 자유로웠다는 겁니다. 그 뒤 일부 처신을 제대로 하지 못해서 비리에 연루되거나 그런 일들은 있었습니다. 그 부분에 대해서는 참담한 심정이고 국민들에게 송구스럽게 생각합니다. 대통령께서 처음부터 조심하고 또 조심하라고 이야기하셨지만 '장정 열 명이 도둑 한 명을 못 잡는다'라는 말도 있듯이 개인적 처신도 상당히 중요하다고 생각합니다.

박종진　　진정성이에요. 좀 더 진정성을 가지고 국민들 앞에 다가서면 다 이해해주지 않겠습니까? 하여튼 빨리 대통령께서 국민들의 마음을 시원하게 해주셨으면 좋겠습니다.

이동관　　제가 알기로는 사과하실 거는 분명하게 하고 그다음에 국정 운영의 결의를 밝히실 것으로 알고 있습니다.

　　　　4·11총선에서 새누리당 후보로 공천 신청을 했던 이동관은 결국 불출마를 선언했다. 그는 종로구에서 조윤선 의원과 공천 경쟁을 벌였으나 새누리당이 3월 5일 홍사덕 의원을 전략 공천하기로 결정하며 고배를 마셨다. 이후 이동관은 3월 13일 오전 자신의 페이스북에 '총선 출마를 접으며'라는 제목으로 출마를 포기한 배경을 밝혔다. 그는 불출마 이유를 '적전 분열로 4년간 이명박 대통령을 모시고 일했던 청와대 앞마당인 종로를 야당에 내줄 수는 없다는 판단 때문'이라고 설명했다. 그리고 '구관

이 명관이라는 낡은 선거 프레임을 새누리당 내부에서조차 비판 없이 받아들이고 심지어 이를 특정 세력 배제의 논리로 삼고 있다'라며 새누리당을 비난했다. 그는 이어 '이명박 정부의 성공적 국정 마무리와 정권 재창출을 위해 어느 곳에서든 혼신의 노력을 다할 것이며, 종로 승리를 위해서도 흔쾌히 돕겠다'라고 덧붙였지만 그의 바람은 민주통합당 정세균 의원의 당선으로 좌절됐다.

내가 만난
이동관

청와대 홍보수석과 언론특보로 정권의 실세였을 때 기자로서 그를
만나보고 싶었지만 그러질 못했다.

시간이 지날수록 그를 비판하는 목소리가 많이 들렸다. 심지어 청와대
사람들이 뒤에서 그를 욕하는 경우도 있었다. 권력 주변에 가면 모든
사람들의 시기와 질투를 받는구나, 하고 생각했다.

하지만 이 전 특보를 방송에서 만나보니 의외로 부드러웠다. 비록
청와대를 나왔어도 이명박 대통령에 대해 변하지 않는 충성의 발언을
내뱉었다. 그러면서 장관 인사 때마다 전화를 기다린다고 솔직히
털어놓았다. 그의 바람대로 장관이 되지는 않았지만 언론·홍보
분야에서 축적된 오랜 경험과 전문성을 인정받아 최근
언론문화협력대사로 임명되었다.

그의 친정 격인 동아일보 사람들은 그를 천재라고 말한다. 하지만 왠지
그를 어려워하는 듯하다.

이명박 대통령은 왜 그를 오랫동안 최측근에 두고 있었을까? 그만이
갖고 있는 삶의 철학이 있었을 것이다. 논리정연하고 똑 소리 나는 그의
대답을 들으면서 부족한 면이 없는 사람이라고 느꼈다. 완벽을 추구하는
모습이 바로 장점이자 단점이라는 생각도 함께 들었다. 그가 조금만
부족했더라면……

사람이란 어딘가 부족한 면이 있을 때 더 매력적으로 느껴지는 게
아닐까? 그를 보면서 이런 생각을 하는 건 비단 나만이 아닐 거란
느낌이 들었다.

신은경 · 박성범

"

대통령이
정치 안 하는 것은
미덕 아니라 부덕

"

4년 전 500만 표 이상의 압도적인 지지로
출범한 이명박 정부가 지난 4년 동안
너무 무기력하지 않았나, 하는 생각이 들어요.
제가 보기에는 대통령이 정치를 잘 못한 겁니다.
'대통령은 정치 안 한다. 정치는 정치인이 해라'.
이것은 잘못된 이야기죠.
대통령이 정치 안 하는 것은 미덕이 아니라 부덕입니다.

신은경은 컬러TV가 보급된 이후 등장한 미모의 여성 아나운서였다.
1987년부터 1991년까지 당시 KBS 보도본부장이던 박성범 앵커와 '9시 뉴스'를 진행하다가
이후 부부가 됐다. 남편 박성범은 1996년 서울 중구에 출마해 당시 정대철 국민회의 부총재를
이기고 당선됐다. 그의 당선은 아내 신은경이 발로 뛰어다니면서 유권자의 표심을 얻은
덕분이라는 평이 지배적이었다. 이런 신은경의 내조는 2004년 4·15총선에서도 힘을 발휘해
한나라당의 다른 지역구는 몰락했어도 박성범은 승리할 수 있게 만들었다.
하지만 박성범은 2008년 한나라당 공천심사에서 중구청장 공천 후보자에게 2만 달러가 든
케이크 상자와 명품 가방을 받았다는 의혹을 받아 탈락했다.
_2012년 2월 22일 방송

박종진　　　정치계의 '원조 내조의 여왕', 1981년 KBS 아나운서로 입사
해 5년여 만에 아나운서의 꽃이라 불리는 '9시 뉴스' 여성 앵커 자리를
꿰찼습니다. 당시 보도본부장이던 박성범 전 의원과 '9시 뉴스의 밀애'
라는 말을 만들어낼 만큼 스캔들에 시달렸지만 박 전 의원이 부인과 사
별한 뒤 결혼에 골인하면서 진짜 로맨스가 됐습니다. '내조의 여왕'에
서 정계에 다시 출사표를 던진 신은경 전 아나운서를 만나보겠습니다.

신은경　　　재미있게 말씀하시네요. 그런데 한 가지 잘못된 게 있습니
다. 1981년 5월에 KBS 8기 아나운서가 됐고, 아마 9월부터 '9시 뉴스'
를 시작한 것 같습니다.

박종진　　　그러니까 5월에 입사해서 9월부터요? 완전히 신입이었을

때네요. 그러면 선배들이나 동기들로부터 시기와 질투를 많이 받았겠어요.

신은경 그렇진 않아요. 먼저 하던 아나운서가 결혼으로 자리를 비우게 됐는데 다음 타자를 누구로 할까, 하고 고민하다 어차피 바꿀 바에는 새 얼굴로 하자고 결정해 연수 끝나고 바로 시작하는 아나운서 중에 한 명을 고른 거였어요.

박종진 지난 18대 총선에서 낙선한* 뒤 4년 동안 어떻게 지내셨어요? 지역구 좀 잘 가꾸셨습니까?

신은경 18대 총선이 끝나자마자 정치일선에서 떠나 있었어요. 일상으로 돌아가 대학에 강의를 나가거나 기업 특강을 했어요. CTS라는 기독교 방송국에서 '아름다운 세상'이라는 프로그램도 진행하고 책도 썼어요.

박종진 그런데 왜 또다시 골치 아픈 정치를 하려고 하나요? 왜 진흙탕에 발을 담그려고 합니까?

신은경 진흙탕 정치가 아니었으면 좋겠다는 마음이 우선 있어요. 그리고 제가 벌써 50대 중반을 바라보는데 그동안 방송을 통해 많은 사랑과 신뢰를 받았잖아요. 제 인생을 놓고 봤을 때 지금이 하프타임이에요. 이 시점에서 제가 받았던 사랑과 혜택을 인생 후반에 좋은 쪽으로 어떻게 되갚아드릴까, 하는 생각을 하게 됐고요. 정치가 진흙탕

---

*2008년 18대 총선에서 서울 중구의 경우 TV에서 보던 인물들이 대거 출마했다. 시사 프로그램 진행자로 명성을 떨치던 정범구와 한나라당에서 밀어준 나경원 그리고 KBS 아나운서 출신 신은경이 바로 그들이다. 뚜껑을 열어보니 나경원이 46.07%를 득표해 정범구(27.60%), 신은경(20.55%)을 큰 차이로 따돌리고 승리했다.

이라고 피해 가기만 한다면 우리나라는 진흙탕 정치 속에서 발전을 못할 것 아닙니까? 한나라당이 새로운 모습으로 태어나겠다고 당 이름도 바꾸고 하니까 이런 쪽에도 좋은 영향력으로 기여를 할 방법이 있지 않을까, 그런 생각에서 출마 결심을 했습니다.

박종진　피부 관리 잘하시는 것 같은데 강남에 있는 1억원 든다는 피부과, 그런 데 다니고 그러는 것 아닙니까?

신은경　거기 다닐 만한 여력이 안 됩니다(웃음).

박종진　오늘은 그 이야기를 해주셔야 돼요. 21만 달러(당시 2억원)가 들어 있는 케이크 상자와 명품 가방 등을 받았다는 의혹*에 관한 것. 그게 계속 멍에잖아요. 그렇죠?

신은경　글쎄요, 저는 완전히 깨끗하게 지워졌다고 생각했는데 아직도 그렇습니까?

박종진　사람들의 뇌리에는 아직도 그게 강하게 남아 있거든요. 거기에 대해 해명할 건 없습니까? 억울하다거나 뭐 이런 부분은?

신은경　당연히 억울하죠. 시작부터 잘못된 것이기 때문이죠. 모함으로 시작돼서 결국 모함으로 밝혀진 것인데요. 아시다시피 언론에서 터뜨릴 때는 1면 기사로 다뤘다가 나중에 모든 것이 무죄라고 밝혀졌

---

*박성범·신은경 부부는 2006년 1월 4일 성낙합 당시 중구청장의 측근 장 모 씨로부터 시가 650만원 상당의 코트 1점, 230만원 상당의 명품 가방 등 총 8종의 선물을 받아 갖고 있다가 3월께 한나라당 클린 센터에 반납하자, 한나라당이 수사를 의뢰했다.
검찰은 이 사건과 관련해 신씨에 대해선 기소유예 처리했지만, 남편인 박 의원에 대해선 선거법 위반과 금품수수(배임수재) 혐의 등으로 불구속 기소했다. 1년여 간 법정 공방을 벌인 끝에 대법원은 2007년 4월 27일 박 의원의 선거법 위반 혐의에 대해선 무죄를 선고했지만 배임수재 혐의를 인정해 벌금 700만원에 추징금 12만원을 선고했다.

을 때는 1단 기사로 처리됐어요. 결론적으로 말씀드리자면 저희를 모함하기 위해 금품을 제공하려 했던 그분은 징역 1년을 살았습니다.

박종진　판결은 무죄로 나왔고요?

신은경　저희는 1원도 받지 않았거든요. 그래서 상대편은 수감돼 1년 징역을 살았고, 저희는 그런게 없으니까 무죄가 됐죠. 아마 영장 실질심사 때 피의자가 '뭐를 줬다. 뭐를 줬다' 한 것을 기자분들이 받아쓰셨나 봐요. 그것이 계속해서 회자된 거죠.

박종진　사건이 터지고 소환되고 이럴 때는 거의 범인처럼 언론에 나잖아요. 그런데 무죄 판결 난 것은 한 줄도 안 나오죠?

신은경　그래서 사실은 "저희는 그런 돈을 받지 않겠습니다" 해서 그분이 도로 가져가신 그날, 남편하고 저하고 "우리는 누구한테 이런 것을 전혀 안 받는다고 자랑할 수도 없고……. 아마 하늘에서 알고 나중에 칭찬해주실 거야", 이런 이야기를 했는데 일이 어쩌다 이렇게 꼬였는지 모르겠어요.

남편 한 풀기 위해
출마했다는 건 오해

박종진　세간에는 이번 출마가 정책적인 철학을 갖고 나온 게 아니라 남편인 박 전 의원의 한을 대신 풀기 위해 나온 것이 아니냐는 말이 있습니다.

신은경　한을 풀기 위해 나온 거라면 한계가 있지요. 집에서 살림하던 여자가 한을 풀기 위해 나오면 아무것도 아닐 수 있겠지만 처음에 제 경력을 말씀해주신 것처럼 지난 30년 동안 전문직에 종사하며 살아온 사람이기 때문에 그것으로 판단을 해주시면 좋겠습니다.

박종진 이왕 말 나온 김에요, 박 전 의원, 지금은 보좌관이죠? 운전기사이기도 하고(웃음). 함께 모시겠습니다. 두 분 모습에서 1980년대 KBS '9시 뉴스'가 생각납니다. 아까 명품 가방 이야기 잠깐 했는데 더 부연해서 하실 말씀은 없으신가요?

박성범 당내에서도 경쟁 세력이 있고 모함 세력이 있잖아요. 그 사람들이 사건을 만들고 사주해서 그런 일을 벌였는데……. 부당한 일을 하고 사실이 아닌 이야기를 하니까 검찰이 무고죄로 감옥에 보냈어요. 그 사람이 감옥에 간 것은 우리가 원한 것도 아니고요.

박종진 왜 직접 나서지 않고 부인이 정치에 참여하도록 하셨는지요?

박성범 새누리당이 새롭게 바꾸겠다 하지 않았습니까? 그런데 저는 새누리당의 전신인 한나라당 2선의원입니다. 그러니까 거기에 들어가는 게 우선 명분이 약하고요. 두 번째는 정치권에 좀 젊은 세대가 등장할 때가 되었다고 생각했어요. 40, 50대가 주축이 되는. 저는 그 단계를 넘었고요. 그 두 가지 이유 때문에 아까도 이야기했지만 "당신도 사회에서 받은 사랑과 혜택을 인생 후반부에 여러 사람을 위해 바쳐봐라"라며 출마를 권했죠.

박종진 내 부인을 떠나 객관적으로 봐서 신 전 아나운서가 국회에 가면 정치 잘할 것 같습니까?

박성범 여러 정치 기술도 필요하고 정치 경륜도 필요하지 않겠습니까? 그런 면에서는 약하지만 무엇보다 정직하다는 것을 제가 아니까요. 정직으로부터 시작해서 정치를 배우게 되면 국민들이 증오하는 패거리정치, 부패정치에는 쉽게 물들지 않겠다는 생각을 했습니다.

박종진　　정직한 정치요? 확실합니까?

신은경　　그건 명심해야 될 이야기인 것 같아요. 정치는 초단일 때는 초심인데요, 단수가 올라갈수록 자기 생각이 많아지면서 국민들의 소리에는 귀를 막게 되는 것이 문제인 것 같아요. 진짜 명심하겠습니다.

박종진　　두 분의 사랑 이야기 좀 해주세요.

박성범　　벌써 20여 년 전 일인데. 이런 딱딱한 자리 말고 좀 푹신한 소파에 앉아서 나눌 이야기가 아닌가요?(웃음)

박종진　　두 분이 나이 차이가 상당히 나잖아요, 열여덟 살!

박성범　　얼마 안 나요. 열여덟 살밖에(웃음).

신은경　　말로는 당할 사람이 없어요.

박종진　　그 정도 나이 차면 외모상으로도 상당히 차이가 있었을 텐데요.

신은경　　지금 화면을 보시면 같이 늙어가는 모습이에요.

박성범　　여기(아내)가 영국으로 3~4년 동안 유학을 가 있을 때 저희 집사람이 갑자기 세상을 떠났어요. 그래서 저는 홀아비로 4~5년을 살고 있었고 여기가 공부를 마치고 귀국했을 때 누군가가 "당신도 이제 다 늙은 노처녀인데 박성범 앵커는 어떠냐"라고 그랬다고.

박종진　　그랬습니까? 그때 인기 최고였는데요. 이럴 때는 할 말이 많을 것 같아요.

신은경　　사실 노처녀였어요.

박종진 　 항간에서는 이미 사내에서 연애를 하고 있었다, 이런 오해도 있었거든요. 소문은 원래 그렇게 돌거든요.

신은경 　 그러니까 제가 그때 영국에서 공부를 하고 돌아오니까 친구가 선배님(남편)의 소식을 전해주더라고요. 사별을 하셨고 방송국을 떠나서 정계에 발을 들여놓으셨다고요. 선배님한테도 지역구에 계신 분들이 "다른 건 다 혼자 할 수 있지만 정치는 혼자서 못 한다. 아내의 도움이 필요하다"라며 결혼을 권유하셨다고 하더라고요. 제 친구도 존경하는 선배님이었으니까 "혼자 계시는데 미래를 바라보고 같이 손잡고 걸어가보는 게 어떻겠냐"라며 계속 이야기했고. 그래서 짧은 시간이었지만 아주 중요한 결정을 했죠.

박종진 　 불쌍한 한 분 구해주신 거죠?

신은경 　 누가 누구를 구했는지 나중에 설명드릴게요.

박종진 　 그런데 이렇게 예쁘셔서. 불안하시죠?

박성범 　 저도 괜찮게 생겼잖아요(웃음).

박종진 　 지금 어떻게 외조하고 있습니까?

박성범 　 운전기사도 하고……. 외조라는 게 특별한 건 없어요. 선거에 나서면 홍보도 해야 하고, 이런저런 일을 주변에서 도와줘야 하는데 갑자기 나서니까 아무도 없는 거예요. 그래서 제가 사무장 비슷한 일을 하며 선관위에 등록도 하고 신청에 필요한 구비서류도 직접 가서 떼오고. 사실 제가 경험이 더 있다고 이야기할 수도 있지만 15대, 17대 국회의원을 할 때 같이 뛰었으니까 그런 감은 대개 알고 있어서 잘할 거예요.

박종진 　 남편분이 선거에 나가셨을 때 '할머니, 할아버지들이 신은경을 엄청 좋아했다'라는 소문이 많았어요. 목욕탕에서 어르신들 직접 등 밀어준 것 때문에. 요즘도 목욕탕 가십니까?

신은경 늘 말씀드리지만 평판이라는 것은 나쁜 평판이나 좋은 평판이나 계속해서 붙잡아둘 수는 없어요. 표를 얻기 위해 날마다 때를 밀어드린 것은 아니지만 아마도 어쩌다 만나뵌 어르신들이 제 마음을 예쁘게 봐주신 것 같아요. 제가 2남2녀의 맏이인데 아버지가 일찍 돌아가셔서 외할머니가 돌봐주셨거든요. 그래서 어르신들을 뵙고 같이 지내는 게 어색하지가 않아요. 동네 할머니를 보면 우리 외할머니를 만난 것 같아서 잘해드리다 보니 그런 마음을 잘 봐주셔서 입소문이 났고 금방 전국으로 퍼진 것 같아요. 저뿐만이 아니라 정치에 나서는 후보의 안사람들은 사실 무엇이든 다 돕습니다. 모두 진정으로 도와드리고 싶은 마음이 있으니까요. 그중에 한 가지였던 것 같아요.

다시 방송하고 싶지만
안 받아줘

박종진 지난 선거에서는 자유선진당으로 출마*하셨단 말이에요.

---

* 한나라당 공천에서 탈락한 박성범 의원을 대신해 부인 신은경은 2008년 3월 18일 자유선진당에 입당한 뒤 남편의 지역구인 서울 중구에 출마했다. 그는 이날 자유선진당 당사에서 이회창 총재와 만나 입당 원서에 서명한 뒤 서울 중구에 출마하겠다고 밝혔다. 이에 따라 한나라당이 전략 공천한 나경원 전 대변인과 자유선진당 신은경 간 대리전이 펼쳐졌는데 나경원의 승리로 끝났다.

공천 탈락에 대해 수용을 못 한 거죠. 반발한 건데. 이번에는 공천 결과를 수용할 수 있는 겁니까?

신은경   그 전에 좀 정확하게 말씀드릴 필요가 있는 것 같은데요.

박성범   그것은 제가 설명해야 될 것 같은데. 공천 결과에서 승복 못한 것은 저이고, 여기는 정치하고 아무 상관이 없었지만 충격은 컸죠. 그런데 그 무렵 자유선진당에서 대변인을 맡아달라는 제안을 해서 가니까 "대변인을 한 달 정도 해주고 기왕 하는 김에 출마도 해라"라고 권한 거죠. 그 사람들이 왜 권했느냐면 정당득표율이 비례대표하고 관계가 되거든요. 그래서 2~3주 사이에 갑자기 출마하게 된 겁니다.

신은경   분명하게 말씀드리고 싶은 것은 남편인 박 의원이 18대 때 공천을 못 받아서 그 결과에 불복했다고들 하던데, 그러면 무소속으로 나오든지 다른 당으로 출마하든지 해야 불복이죠.

박성범   저는 그 결과에 대해 승복할 수 없지만 당에서 결정한 것에 대해서는 그대로 따른다고 했어요.

신은경   그래서 그냥 아무것도 안 하셨어요.

박종진   그러면 승복하신 거네요?

신은경   그렇죠(웃음).

박종진   그런데 국민들은 두 분을 한 몸으로 보니까 헷갈리는 거죠.

신은경   저의 선택이 옳았는지 아닌지는 이야깃거리가 되겠지만 일단 남편이 당의 결정에 승복하고 아무런 조치도 안 한 것은 분명한 사실입니다.

박성범   제가 그때 현역 국회의원이었어요. 그러니까 당의 결정에 불복해서 출마하게 되면 고위당직자로서 할 도리가 아니죠. 그래서 기분은 나쁘지만 깨끗하게 승복했죠. 그러나 공천 과정이나 공천 결과에 대해서는 지금도 받아들이지 않고 있어요.

박종진　누명을 썼을 때 기분이 어떠셨나요?

박성범　누명도 아니에요. 저는 가만히 있는데 3주 전에 갑자기 전략공천이라고 그러고. 다른 지역에서 경합하던 사람을 여기에 데려다 놓는데……. 결국 중구 지역 공천심사 끝내고 심사위원들이 다 도망갔어요. 제가 올라갔더니 한 사람도 없더라고요.

박종진　원래 중구랑은 인연이 있었습니까?

박성범　첫 직장이 중구 남산에 있던 KBS였는데 여기를 12년 다녔어요. 이 사람은 중구에서 태어났고요, 황학동.

박종진　거기가 옛날에 상당히 가난한 동네였죠?

신은경　그런 곳이 많았어요. 사실 중구가 서울 시내 한복판에 있기 때문에 높은 빌딩도 많고 화려한 모습이 있습니다만, 그 이면에 낙후된 주거지들이 참 많아요. 그야말로 빛과 어둠이 같이 있는 지역이어서 어느 누가 중구를 맡더라도 가장 신경 써야 할 부분이죠.

박종진　전당대회 돈봉투 사건이나 디도스 사태를 보면서 어떤 생각을 하셨어요?

박성범　4년 전 500만 표 이상의 압도적인 지지로 출범한 이명박 정부가 지난 4년 동안 너무 무기력하지 않았나, 하는 생각이 들어요. 제가 보기에는 대통령이 정치를 잘 못한 겁니다. '대통령은 정치 안 한다. 정치는 정치인이 해라', 이것은 잘못된 이야기죠. 대통령이 정치 안 하는 것은 미덕이 아니라 부덕입니다. 국가통치의 총괄적인 것이 정치력과 정치인데 정치를 안 하니까 결국 소통이 안 되는 것 아닙니까? 국회의원이 전국을 다니며 민의를 듣고 수렴해 대통령에게 전달하면 이를 통해 대통령은 민심을 파악하고 이를 국정에 반영해야 하는데, 정치를 안 하다 보니까 그런 소통이 다 끊긴 거죠. 그래서 여러 가지 소통의 문제가 발생하는 거예요. 결국 정치력 부족에서 온 문제가 아닌가, 라는 생각을 합니다. 그다음 문제는 인사를 제대로 못 하시는 것 같습니다. 언론에서도 많이 지적했지만.

박종진　인사! '고소영'이니 '강부자'니, 이런 걸 말씀하시는 거죠?

박성범　네, 인사의 폭을 넓혀 여러 사람을 상대로 인재를 찾으면 좋은 사람을 뽑을 수 있을 텐데. '아는 사람', '회전문'이라는 말도 있지만, 인사를 제대로 못 하면 매사가 잘 안 풀려요. 남북관계는 안보 문제를 제외하고는 유연성을 더 보였어야 되는 게 아닌가, 하는 생각을 합니다. 디도스니, 돈봉투니 하는 일들이 왜 이 나라에서 벌어지는지 그것 참.

박종진　언론계에 계시다가 정치권에 와서 후회를 안 하셨습니까?

박성범　지금이라도 받아주면 언론계로 다시 돌아가고픈 마음도 있습니다. 그런데 정치권에 있다 보니 때 묻은 사람이라고 안 받아주니까 돌아갈 수도 없고 그렇습니다. 언론계에 있을 때가 참 좋았어요.

박종진　국회의원이 되면 입법 활동을 하셔야 하잖아요. 어떤 입법을 할지 궁금한데요.

신은경　우선 제가 박사학위도 '저널리즘'으로 받은 만큼 언론 쪽에 관심이 있어요. 대학에서는 정치커뮤니케이션과 스피치커뮤니케이션 강의도 하고 있고요. 사실 말이라는 것이 참 중요하거든요. 지금 책을 쓰고 있는 것도 그런 분야인데, 청소년들이 미디어를 보면서 나쁜 영향을 받는다면 진짜 큰일이잖아요. 그래서 어떡하면 좋은 영향력을 미칠 수 있는 미디어가 되느냐, 하는 쪽에도 관심이 많습니다.

박종진   만약 국회의원에 당선되면 대변인 하시면 좋을 것 같은데요.

신은경   좋은 뜻을 가진 일이라면 해야 되겠죠.

박종진   당연히 대변인 시키겠죠.

박성범   대변인은 아무나 하는 거 아니에요.

박종진   자격 없습니까?

박성범   경험도 없는데 무슨 대변인이에요?

박종진   그래도 조근조근 말씀을 잘하시니까 진정성, 그런 게 확 느껴지는데요. 이런 법 좀 만들었으면 좋겠다, 생각 안 해보셨습니까?

신은경   사실 구체적으로 그런 것은 없습니다.

박성범   아내가 이전에 청소년 문제와 미디어의 관계에 대해 연구해서 입법화하고 싶다고 쓴 걸 봤어요. 지금 미디어가 청소년에게 미치는 영향이 지대하기 때문에 이건 참 중요한 일이라고 생각합니다.

박종진   그렇죠. 사실 지금은 청소년에게 성 관련 내용만 TV에서 못 보게 하잖아요. '19세 이상 시청가'라고 표시하기도 하는데 폭력도 금해야 돼요. 폭력이 난무하지 않습니까? 그러니까 학교 폭력 이런 게 문제가 되는 거 아니겠습니까? 그런 것도 뭔가 정리해줄 필요가 있다고 생각합니다. 앞으로 그런 쪽으로 많은 활동 부탁드리겠습니다.

신은경   네, 감사합니다.

박성범   공천받아서 선거운동 하면 한 번 불러주세요. 저는 빼고요.

박종진   네, 알겠습니다(웃음). '사랑의 경험이 전혀 없는 것보다는 차라리 실연을 당하는 것이 낫다'. 영국 시인 테니슨(Tennyson)의 말입니다. 실연을 겁내지 마시고 사랑에 도전해보십시오. 도전하는 자만이 사랑을 쟁취할 수 있습니다.

50대 중반 인생의 하프타임을 맞아 정치인의 길을 가겠다던 신은경. 사회에서 받은 사랑과 혜택을 많은 이들에게 되돌려드려야겠다는 마음이었다고 했다. 그는 지난 4·11총선 공천심사 면접에서 "군대 사령관이면 전쟁에 나가 싸워 이길 장병을 내세워야 한다"면서 "중구에서 태어나 구민들과 가족같이 지내고 있다. 그분들 입장에서 공감하고 소통할 수 있는 능력이 있다"라며 본선에서의 자신감을 내비쳤다. 하지만 그는 3월 12일 공천 신청을 철회한다고 발표했다. "중구의 단독 후보임에도 심사 결과 발표 없이 다른 후보가 사실상 공천자로 결정됐다는 보도가 이어지고 있고 그 보도가 기정사실로 굳어지고 있다"라며 "더 이상 공천 심사 대상으로 남아 있다는 것 자체가 개인과 중구 구민의 명예와 자존심에 손상을 입히는 일이라 판단했다"라고 철회 배경을 설명했다. 결국 서울 중구 새누리당 후보는 정진석 전 청와대 정무수석으로 결정됐다.

내가 만난
신은경 · 박성범

1980, 90년대를 풍미했던 최고의 아나운서 신은경.
남편 박성범 전 의원이 불안해할 만큼 그는 여전히 젊고
아름다움을 유지하고 있었다.
앵커 출신인 두 분을 모시고 방송을 하려니 무척 떨렸다. 중고교 때
매일같이 TV를 통해 보았던 스타 앵커들을 지금 이렇게 패널로
모시고 대화한다는 사실을 그때는 상상이나 할 수 있었겠는가.
두 분은 아직도 앵커를 꿈꾸고 있었다. 정치판에 발을 들이면서 많은
걸 잃은 모습이었지만 그래도 매우 행복해 보였다.
나중에 신 전 아나운서가 보내준 책을 보고 그가 하느님에 대한
믿음으로 모든 고난을 이겨내고 있다는 사실을 알 수 있었다.
방송 이후에도 박성범 · 신은경 두 분과 여러 번 연락을 주고받았다.
나도 언론계 후배로서 예의를 갖춰 심적으로 도움을 주려 했다.
하지만 갑작스레 공천 신청을 철회한다고 발표해 상당히 놀랐다.
결과는 좋지 않았지만 서로에게 감사했다.
한 번 더 선거판에 나와 명예를 회복할지 지켜볼 일이다. 두 분 집에
꼭 한 번 놀러 가기로 약속했는데…….

이한구

———

"
혼란스러운
정치 때문에
실물경제는
더 나빠질 것
"

거시경제를 빨리 어떻게 해보려고 하다 보니까
잘나가는 사람들한테 많은 혜택이 돌아가는 방식으로
재정·금융정책이 이뤄진 거죠.
그러면 그것을 서민경제 쪽으로 빨리 전환시켰어야 했는데.
너무 게을리했어요. 그래서 몇 차례 비판을 했더니
"이한구가 야당보다 더 하다"라는 이야기를 하더라고요.
그때 제 말을 좀 들었으면 요새처럼 험한 꼴은
안 당했을 것 같은데요.

'경제실정의 저격수'로 불리는 이한구는 서울대 경영학과를 졸업하고
미국 캔자스주립대학에서 경제학 박사학위를 받았다.
박근혜 비대위원장에게 각종 경제 문제를 조언하는 '멘토'로 알려져 있으며
경제 문제만큼은 소신 있는 발언으로 당은 물론 대통령과도 대립각을 세우곤 했다.
'화재 신고는 119, 경제정책은 219(이한구)'라는 홈페이지 문구만 봐도
그가 경제정책에 얼마나 자신감이 있는지 알 수 있다.
그는 이회창 전 자유선진당 대표의 요청으로 1999년 정치에 입문했다.
논리가 빈틈없고 합리적이란 평을 받지만 일각에선 '친재벌적'이란 지적도 있다.
_2012년 2월 27일 방송

박종진　　각종 경제 문제에 대한 예리한 해부로 김대중 전 대통령이
"이한구 하나 못 잡느냐"라며 장관들을 질책했다는 일화가 있습니다.
오늘은 '박근혜 대통령 만들기'를 외치는 이한구 의원을 모셨습니다.
"실물경제는 더 나빠질 것"이라며 일침을 놓으셨는데요. 지역구인 대
구에 직접 가보시니 민심이 어떻습니까? 이한구 의원 하면 대한민국
이 알아주는 경제통인데 사람들이 경제 좀 살려달라고 하지 않습니
까?

이한구　　물론 그 말씀을 제일 많이 하시죠. 제 지역구가 대구 수성구
잖아요. 대구에서 제일 잘사는 동네입니다. 그런데 거기 작은 재래시
장 같은 데는 미안해서 가볼 수가 없어요. 몇십 년 전 제가 살던 봉산

시장의 형편과 비슷하다는 거죠. 물론 잘사는 사람들도 있죠. 그러나 대부분의 사람들, 특히 청년들은 지방에서 취직이 안 됩니다. 괜찮은 청년들은 다 외지로 나가버려서 대구 처녀들이 시집을 못 가고 있다는 말도 있습니다.

박종진 　행정고시에 합격하셨으니 행정부에서 경제발전을 위해 얼마든지 봉사하실 수 있었을 텐데 왜 공무원의 길을 접으셨습니까?

이한구 　전두환 씨가 정권을 잡으면서 제가 잘렸어요.

박종진 　왜 잘렸습니까?

이한구 　잘린 죄목이 '인사질서를 교란시킨 자', 이렇게 돼 있어요.

박종진 　인사질서를 어떻게 교란시켰습니까?

이한구 　저보고 빨리 출세했다, 라고 하는데 사실 빠른 것도 아니었어요. 사무관으로 들어가서 6년 만에 과장이 됐거든요.

박종진 　빨리는 됐네요.

이한구 　그 당시에는 그렇게 빨리 된 것도 아니에요. 그냥 보통인데, 제가 윗사람에게 인정을 많이 받았죠. 남덕우 전 국무총리가 경제기획원 장관으로 계실 때였는데 사고가 나면 제가 가서 수습하고, 새로운 정책을 구상하시면 저보고 해보라고 그러셨어요. 그러니까 질투 같은 것을 받을 만했죠.

박종진 　전두환 정부를 향해 혹시 쓴소리를 하신 것 아닙니까?

이한구 　아니요. 쓴소리를 할 처지도 못 됐고, 해봤자 귀담아 들어줄 리 없는 과장이었습니다.

박종진 　공무원을 계속하고 싶었는데 '인사질서를 교란시킨 죄목'으로 어쩔 수 없이 잘렸군요.

이한구   그렇죠.

박종진   잘린 다음에 경제학 공부를 열심히 해 실물경제에 관한 한 최고로 우뚝 서셨어요. 여의도 금융가 최고의 선수들 중에는 이한구 의원의 후배들과 제자들이 많이 있더라고요. 지금 실물경제가 너무 안 좋은데 이왕 나오신 김에 우리나라 경제 전망을 해주실 수 있습니까?

이한구   올해 안에는 경기회복이 좀 어려울 것 같아요. 세계경제가 워낙 나쁜데다 그동안 정부가 경기를 부양시킬 수 있는 수단을 너무 소진시켰어요. 더구나 기업들이 투자도 하고 소비자들이 미래에 대한 자신감도 가져야 민간 쪽에서 수요가 생길 텐데 그것을 기대하기에는 아직 무리입니다. 정치도 워낙 혼란스럽고요.

토목경제 버리고
서민경제 살려야

박종진   이명박 정부의 경제정책에 대해 쓴소리 좀 해주실 수 있습니까?

이한구   제가 지난 3~4년 내내 그 이야기를 했잖아요. 제발 '토목경제' 하지 말라고. 경제위기가 닥쳤을 때도 토목경제식으로 수습해보자고 덤벼들었던 거 아닙니까? 그래서 4대강 사업이나 각종 건설사업을 벌이는 데 많은 재정을 투입했잖아요. 그것은 옛날식이죠. 지금은 지식경제 시대이자 융합기술 시대잖아요. 시대에 걸맞게 성장잠재력을 끌어올려야 발전이 지속 가능하게 되는데 그것을 하지 못했어요. 그리고 거시경제를 빨리 어떻게 해보려고 하다 보니까 잘나가는 사람들한테 많은 혜택이 돌아가는 방식으로 재정·금융정책이 이뤄진 거죠. 그러면 그것을 서민경제 쪽으로 빨리 전환시켰어야 했는데, 너무 게을리 했어요. 그래서 몇 차례 비판을 했더니 "이한구가 야당보다 더 하다"라는 이야기를 하더라고요. 그때 제 말을 좀 들었으면 요새처럼 험한 꼴은 안 당했을 것 같은데요.

박종진　그러면 4대강 사업 같은 경우에는 반대하는 입장이셨겠네요?

이한구　그 자체에 대한 반대라기보다 법 절차를 따르라는 것이었고 차근차근 준비해서 해보자는 거였죠. 서두르다 보면 생태환경도 파괴할 수 있고 문화재도 훼손할 수 있으니까요. 그 자체의 경제적 파급효과가 제대로 파악되지 않은 상태에서 무조건 밀어붙이면 그것 때문에 희생되는 다른 사업이 많아지거든요.

박종진　일단 많은 돈이 투자되니까요.

이한구　그렇습니다. 그러니까 조금 시간을 두고 절차 밟을 것은 다 밟고 부작용에 대비해가며 하자는 주장을 했죠. 사실 민주통합당보다도 제가 먼저 주장했어요. 요새는 민주통합당이 신이 나서 떠드는데 제가 이야기할 때는 귀담아 듣지도 않았어요.

박종진　생각이 같으니까 그런 것 아닙니까?

이한구　글쎄요. 4대강 사업에 돈 들어갈 거 이미 다 들어갔잖아요. 그러니까 어떻게든 부작용이 없도록 하는 쪽에 에너지를 쏟자는 입장이죠. 반대를 하려면 처음에 안 하도록 했어야 하는 게 맞죠.

박종진　NGO모니터단과 경실련으로부터 국정감사 우수의원, 매니

페스토 실천본부로부터 약속대상 등을 받으셨어요. 상을 받으셨다는 건 국민들과의 약속을 잘 지켰다는 의미죠? 공약만 던져놓고 마는 게 아니라 끝까지 실천했다는 이야기인데 후배들한테 들려주실 정치철학 같은 건 없나요?

이한구 국민들한테 신용을 얻는 것이 제일 중요하다고 생각해요. 정치라는 것이 실체가 거의 없거든요. 말로 하는 거잖아요. 말로 하면서 곳곳에 있는 국민들의 에너지를 응집시켜서 국민 생활이 전반적으로 나아지도록 하는 게 정치인의 역할인데, 그것을 하기 위해서는 국민들의 전적인 신뢰가 필요합니다. 그리고 자신만의 전문 분야가 있어야 돼요. 또 한 가지는 자기가 옳다고 생각되는 일은 끝까지 밀고 나가야 한다는 점이에요. 중간에 말 바꾸고 그러면 안 되죠. 이해타산에서도 벗어나야 되고요. 요새 여기 붙었다 저기 붙었다 하면서 실속 챙기는 사람들이 많거든요. 그게 초기에는 괜찮아 보이더라도 시간이 지나면 문제가 있다는 걸 국민들이 다 알게 됩니다.

박종진 아무래도 이한구 의원 하면 박근혜 비대위원장 이야기가 나오게 마련이죠. 물론 '친이, 친박' 이런 것 따지지 말자고 이야기했지만. 왜 박 비대위원장을 좋아하십니까?

이한구 박 비대위원장은 우리 정치계에 가장 부족한 신뢰와 원칙을 강조하고 실천하는 분입니다. 그러니까 자신이 일단 이야기한 것에 대해서는 손해가 있어도 꼭 지키려고 하거든요. 그게 핵심적 가치라고 생각합니다. 그리고 이야기를 해보면 화두가 항상 국민 생각에 맞춰져 있어요. 이게 공익에 어떻게 반영이 되느냐, 어떤 영향을 주고 어떤 부작용을 가져오느냐, 이렇게 화두가 언제나 공익입니다. 그런 면에서 정치인으로서 중요한 자질을 갖고 있다고 생각합니다. 그런데 사실 박 비대위원장에게도 부족한 면이 많이 있잖아요.

박종진   어떤 면이 부족합니까?

이한구   아무래도 전문 지식은 부족한 편이죠. 그런데 그것을 제대로 배우려고 하는 자세가 굉장히 잘돼 있습니다.

박종진   콘텐츠는 부족하지만 배우려고 하는 자세는 제대로 되어 있다?

이한구   네, 정말 철저하게 공부를 해서 부족한 부분을 메우려고 하거든요. 그래서 지금은 굉장한 수준에 올라 있어요. 그런 면이 남다르다고 생각돼요.

정수장학회 해법
오히려 묻고 싶어

박종진   원칙도 중요하지만 융통성이 필요하다는 이야기도 있습니다. 과거를 청산해야 한다는 비판의 목소리도 있고요. 논란이 가장 많은 게 정수장학회 이야기인데 혹시 들어보셨습니까?

이한구   네, 들었습니다.

박종진   어떻게 정리되는 게 박 비대위원장한테도 좋고, 국민들한테도 좋을까요?

이한구   글쎄요, 제가 도로 묻고 싶어요(웃음).

박종진   저한테요? 법적으로 시효가 지나서 방법이 없다?

이한구 그러니까요. 언론에 있는 분들 중에서 이것을 자꾸 거론하시는 분들이 많아요. 물론 민주통합당에서 계속 의혹을 제기하니까 그러는 것도 있겠지만. 지금 박 비대위원장의 경우에는 법을 안 지킬 수 없는 것 아니에요? 자신이 정치적 영향력이 있다고 해서 위법적인 행동을 하면 지도자로서 자격이 없는 거잖아요. 그런데 지금 상태는 법적으로는 완전히 떠나 있는 거고. 최필립 이사장이라는 분이 과거에 박 비대위원장하고 굉장히 가까운 관계였다고는 하지만 그 사람은 그 사람대로 법적 권한을 갖고 있잖아요. 또 그것 때문에 정수장학회가 잘못 운영됐다고 하면 운영 주체를 바꾸자는 것이 설득력 있을 수 있지만 이제까지 정수장학회가 잘못됐다는 이야기는 없잖아요. 또 정수장학회가 부산일보나 부산 MBC에 영향력을 미치니까 문제라는 식으로 이야기를 하는 사람도 있는데요. 부산일보 논조를 보면 한겨레, 경향신문보다 더 심하게 박 비대위원장과 새누리당을 공격합니다. 거기에 영향을 미쳤다면 어떻게 그것이 가능하겠어요. 결국 영향을 못 미친다는 것을 대변하는 거잖아요. 그러면 뭘 어떻게 하면 좋겠어요?

박종진 오랜 기간 논란이 됐던 거라서 한꺼번에 '쾌도(快刀)'하기가 쉽지 않은 것 같습니다. 이 의원처럼 경제 전문가이고 소신 있는 이런 분들은 대구보다 서울이나 이런 데서 출마하셨어야 되지 않았나, 하는 생각이 있고요. 이번에 민주통합당의 김부겸 의원이 대구 지역에 용감하게 출사표*를 던지지 않았습니까? 이 의원도 지역감정 해소를

---

* 지난 4 · 11총선에서 전통적으로 새누리당 텃밭인 대구에 민주통합당 소속 김부겸 의원이 도전장을 내밀었다. 김 의원은 수성구에서 40%의 득표율을 기록하면서 선전했으나 새누리당 이한구 의원(52%)의 벽을 넘지 못하면서 석패했다.

위해 광주라든가 이런 데 과감하게 뛰어들 마음은 없습니까?

이한구　도망가라는 이야기예요?

박종진　아니요(웃음), 그런 이야기는 아니고요.

이한구　저는 국회의원한테 지역이라는 것은 정치를 안 하면 안 했지 떠나서는 안 된다고 생각합니다. 더구나 다선의원은 더 그렇다고 봐요. 다선의원은 그 지역 주민들한테 약속해놓은 것이 매우 많습니다. 그 약속을 지켜야 되는 것입니다. 그게 기본입니다. 지역을 떠나는 것을 아주 잘하는 일처럼 생각하는 경향도 있는데 저는 그게 잘못됐다고 봐요. 떠날 때는 우리가 잘 모르는 무슨 사정이 있을 거예요. 그리고 서울 같은 데로 나가면 좋지 않느냐고 하는데 괜찮은 사람이 대구에 있어야지 꼭 서울로 가야 될 이유가 있나요? 다른 것도 다 서울로 집중되고 있는데.

박종진　당의 입장에선 좀 불리한 지역에 능력 있고 실력 있으신 분들이 나가서 한 석이라도 더 얻으면 좋지 않나요?

이한구　'이기면 최고다'라는 식의 가치관은 잘못됐다고 생각합니다. 어떤 정치인이든 지역을 선택할 땐 그 지역에 대한 애착심이나 비전을 갖고 있어야 하고 거기에서 지역구민들한테 할 것을 제대로 해주고, 지역구민들이 "너, 이제 필요 없다" 하면 떠나고 그래야지요. 철새처럼 여기저기 왔다 갔다 하는 것은 좋지 않다고 봐요.

박종진　지역감정의 벽을 넘어서야죠. 이 부분에 대한 철학은 어떻습니까?

이한구　김부겸 의원도 지역감정을 극복하기 위해 대구에 출마했다고 하는데 저는 참 우스운 주장이라고 생각합니다. 김 의원이 경상도 사람이잖아요. 정말 지역감정을 극복하고 싶다면 호남 쪽에 가서 출마해야죠. 더구나 민주당이 거기 텃밭이라면서요. 거기에 가서 "저, 경상도 사람이지만 좀 찍어주세요" 하는 게 지역감정을 극복하는 거 아닌가요? 그런데 특정 정당, 신뢰가 떨어지는 정당 사람이 와서 지역감정을 극복하려 하니 좀 찍어달라고 하면 그거야말로 유권자들을 우습게 보는 거 아니에요?

박종진　　대선 여론조사 결과*에도 나오잖아요. 문재인 노무현재단 이사장하고 대결했을 때 박 비대위원장의 지지율이 미미한 차이이긴 하지만 낮게 나왔는데 속 좀 상했겠습니다. 뭐가 좀 잘못되고 있다, 뭔가 방법을 마련해야 되겠다, 이런 생각도 하셨겠어요?

이한구　　그런 여론조사 결과는 드물지 않나요. 한 번인가 있었죠? 박 비대위원장은 현실 정치인으로서 선택을 받고 있는 것이고, 안철수 원장이나 문 이사장은 현실 정치인으로서가 아니고 정치계가 전반적으로 불신을 받은 상태에서 사람들이 뭔가 탈출구로 여기는 것 아닌가, 하는 생각이 들거든요. 어쨌든 조금 더 지나면 그 두 분도 검증에 들어갈 것이고요. 박 비대위원장도 이제까지는 새누리당을 재건하느라 많은 에너지를 소모했지만 이제부터는 국민들한테 자신의 비전을 좀 더 확실하게 제시할 겁니다. 그렇게 되면 저는 박 비대위원장의 승리를 자신할 수 있습니다.

* 2012년 2월 6일 대선후보 지지율 조사에서 문재인 노무현재단 이사장의 지지율이 박근혜 새누리당 비상대책위원장을 오차범위 안에서 처음으로 앞섰다는 조사 결과가 나왔다. 여론 조사기관인 리얼미터가 2월 첫째 주 주간 정례조사를 한 결과, 대선 주자 양자대결에서 문 이사장은 44.9%로, 44.4%를 기록한 박 비대위원장보다 0.5%포인트 높게 나타났다.

박종진　　이명박 대통령 4년, 어떻게 진단하시겠어요?

이한구　　글쎄요. 노력을 한다고는 한 것 같은데 1970년대 사고방식을 갖고 국정운영을 한 것이 문제고, 공사 구별이 잘 안 된 것 같습니다. 공익과 사익의 구별을 잘 못한 경우가 너무 많았어요. 그리고 특히 경제정책일 때는. 거시정책은 경제위기를 그럭저럭 극복하는 데 잘 운영했다고 생각하는데, 그 거시정책이 다가 아니거든요. 국민생활과 직결된 미시정책을 합리적으로 운영해야 되는데 그것을 잘 못했어요. 시기도 놓쳤고 방법도 틀렸고. 선거가 닥쳐서 다급하니까 또 원칙 없이 이것저것 쏟아내는데 이게 몇 년 뒤에 어떤 부담을 줄지 벌써부터 걱정스럽습니다.

박종진　　거시정책은 잘한 것 같은데 미시정책은 제대로 못했다는 이야기인데요. 4선의원으로 입성하게 되면 '이것만은 내가 꼭 하겠다, 3선 동안 내가 이런 점은 잘하지 못했다', 이것을 간단히 정리해주십시오.

이한구　　정책 쇄신이니, 인적 쇄신이니 하면서 각종 쇄신에 대해 이야기하잖아요. 쇄신 중에 우리나라를 한 단계 더 업그레이드하기 위해 제일 중요한 것은 정부 쇄신이라고 생각합니다. 정부 내지는 공공부문의 운영방식을 바꿔야 됩니다.

박종진　　어떻게 바꿔야 할까요?

이한구　　이제는 지식경제 시대에 걸맞게 사회 각 분야의 전문 지식 네트워크를 잘 형성해 그것을 민간·공공 부문에 활용해 생산성과 효율성을 높이고 공감대를 이뤄나가도록 했으면 좋겠어요. 이를 위해 정부가 협치를 해야 돼요. 혼자 잘난 척하지 말고 엄청난 잠재력을 갖고 있는 민간이 에너지를 최대한 발휘할 수 있도록 네트워크를 제시하고 '같이 가자'라고 했으면 해요.

박종진 네트워크라는 것은 연결이죠. 민간과 정부 내의 모든 전문인들이 서로 네트워크가 돼야 한다?

이한구 그렇죠. 정보지식을 갖고 특히 그렇게 해야 합니다.

박종진 신용, 소신 그리고 국회의원들 공부해라, 네트워크, 이렇게 정리하겠습니다. '정의는 반드시 이루는 날이 있다. 죽더라도 거짓이 없어야 한다'. 독립운동가 도산 안창호 선생의 말입니다. 거짓은 반드시 패배합니다. 여러분도 진실되게 사시길 바랍니다.

지난 4·11총선에서 4선의원으로 당선된 이한구는 5월 9일 새누리당의 19대 국회 첫 원내대표 경선에서 남경필 의원과 결선 투표를 치른 끝에 원내대표로 당선됐다. 그는 9월 24일 국회에서 열린 최고위원회의에서 "요새 얼어붙은 주택시장 때문에 많은 국민들이 이사도 못가는 상태"라며 이 같은 부동산 경기 장기 침체는 "지난 노무현 정권 때 부동산 거품의 후유증이라 생각한다"라고 말했다. 이어 그는 "하우스푸어·워킹푸어 문제가 매우 심각하다. 박근혜 후보가 당선되면 본격적으로 이를 해결할 것"이라며 "그러나 그때까지 '지금 하우스푸어나 워킹푸어 문제는 별 대책이 없다. 지금 고통을 지켜보는 수밖에 없다'라는 식으로 총리와 장관이 발언하는 것은 매우 적절치 못하다"라고 덧붙였다.

내가 만난
이한구

새누리당에는 경제민주화를 주장하는 김종인 전 경제수석도 있고,
그 대척점에는 타칭 '친재벌주의자' 이한구 의원도 있다.
그는 자본주의를 꿰뚫어보는 예리한 눈을 갖고 있다.
현재 여의도 증권가의 실력자들은 대부분 그의 후배들이거나
제자들이다. 그는 경제에 있어 정부도 잘못하면 강하게 질책한다.
〈박종진의 쾌도난마〉에 출연해서는 이명박 정부의 4대강 사업을
신랄하게 비판했다.
야당의원보다 정부를 더 비판한다며 스스로를 자랑스러워했다.
경제에 관한 한 그만큼 자신 있다는 이야기다.
어떻게 하면 주식투자로 돈을 벌 수 있는지 물었다. 그는 주식 이야기는
절대 안 한다면서 굳이 개미투자자를 위해 조언한다면 간접투자와
분산투자만이 실패를 줄이는 길이라고 했다.
그는 방송 출연 후 새누리당 원내대표가 되었다.
원내대표로 선출된 뒤 행한 연설에서
"협상력과 강한 돌파력으로 진정한 정책 승부를 내야 한다.
술수보다는 정책으로 가야 한다"라고 강조했다.
그가 어떤 정책으로 승부할지 벌써부터 기대된다.

윤여준

"
MB 정권의
가장 큰 과오는
공공성 파괴한
것이다
"

지금이 조선 후기도 아니고
21세기 민주주의 시대에 살면서 대통령의 사적인
친소(親疏)나 혈연관계를 가지고 무슨 '대군' 호칭을 붙이는 것이
공공연하게 유행했습니다.
그런데 그것을 막기 위한 적극적인 노력을
대통령도 안 하고 장·차관도 안 했어요.
이런 것이 공공성을 파괴한 하나의 큰 사례죠.
제가 보기에는 정권은 물론
국민들에게도 치명적인 상처를 안겨줬습니다.

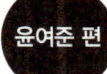

'청춘콘서트'로 '젊은 정치 바람'을 일으키고 '안철수 돌풍'을 만들어낸 윤여준은
'보수의 제갈량'으로, 한나라당 여의도연구소장, 청와대 공보수석, 환경부 장관을 지냈다.
뛰어난 선거전략가로 이회창, 박근혜를 보필하고 MB정부 탄생에도 관여했다.
그는 "국민들은 선거를 통해 현직 정치인들을 향한 옐로카드를 여러 차례 꺼냈고
이제는 레드카드를 꺼냈다. 그 레드카드가 바로 '안철수 현상'이다"라고 말하기도 했다.
정치부 기자 출신으로 최근 출간한 『대통령의 자격』에서 이명박 대통령을 포함한
역대 대통령을 평가해 화제가 됐다. 물론 평가는 나빴다.

_2012년 2월 28일 방송

박종진　　일흔이 넘은 연세에 '청춘콘서트'를 기획하셨습니다. 정말 멋지지 않습니까? 여전히 설레는 청년 윤여준 전 환경부 장관을 만나볼까요? '이회창 대통령 만들기는 실패했다'라는 세간의 평가는 잘못된 거라면서요?

윤여준　　저는 이회창 당시 한나라당 후보가 2002년 대선에 출마했을 때 선거에 관여한 일이 없습니다. 대선 1년 3개월 전에 이 후보 곁을 완전히 떠났거든요. 그래서 대선 기획에도, 선거 캠페인에도 전혀 관여하지 않았습니다.

박종진　　그러면 어느 대통령을 만드셨습니까?

윤여준　　대통령을 만든 일이 없습니다. 그러니까 '킹메이커'라는 건

저와 안 맞는 말이죠. 저는 무면허입니다(웃음).

박종진 킹메이커가 아닙니까?

윤여준 킹을 메이커해본 일이 없어요.

박종진 그러면 '보수의 제갈량'이라는 소문은요?

윤여준 가당치도 않고요. 제갈량이 살아 있다면 명예훼손으로 고소할 일입니다(웃음).

박종진 안철수 원장 일에 팔을 걷어붙이고 돕는다는 인상을 받았습니다. 그런데 안 원장 측에서 "윤여준 전 장관이 여러 인터뷰를 통해 제가 서울시장에 출마할 확률이 90% 이상이라고 하셨는데 그건 제 생각이 아니다"라고 부인했을 때는 속 좀 상했을 것 같아요.

윤여준 아니에요. 속상할 일은 아니고요. 제 이야기가 자칫 국민들에게 '안 원장은 정치할 의도가 있다'라는 것처럼 비춰질 수 있어 그런 오해는 없었으면 좋겠다는 뜻으로 한 말이라고 들었기 때문에 속상할 일은 아니었습니다.

박종진 그런데 이 말은 기분 나쁘셨을 것 같아요. "만약 윤 전 장관이 제 멘토라면 제 멘토 역할을 하시는 분은 300명 정도 되고, 저보다 훨씬 나이가 어린 김제동 씨나 김여진 씨도 제 멘토라고 할 수 있다"라는 이야기요.

윤여준 네, 유쾌한 일은 아닌데. 그래서 유쾌하지 않다는 게 아니라 저는 제 입으로 안철수 원장의 멘토라고 말한 적이 없어요. 안 원장하고 '시골 의사' 박경철 씨가 저를 몇 번 소개한 적이 있었습니다. 그럴 때 저를 "우리 두 사람의 멘토입니다", 이렇게 소개하더라고요. 그랬을 뿐이지 제 입으로 누구의 멘토라고 한 일이 없거든요.

박종진　"안철수 원장은 대통령감이 아니다"라고 말씀하셨죠?

윤여준　"대통령감이 아니다"라고 단정적으로 이야기한 것은 아니죠. 다만 대통령의 자질을 기를 겨를이 없었을 것이다, 라는 거죠. 왜냐하면 본인의 입으로 "평소에 정치한다는 것은 생각해본 일이 없다. 정치라는 것은 권력을 추구하는 것이고 권력을 행사하는 것인데 그것은 내 체질에 안 맞는다고 생각하며 살아왔다"라고 여러 번 말했거든요. 정치인이 될 생각을 안 해봤다면 당연히 대통령 될 생각도 안 해봤을 거 아닙니까? 그러면 자질을 기를 생각을 안 했겠죠. 그런 뜻이었죠.

박종진　역으로 대통령이 될 생각을 안 해왔기 때문에 대통령이 될 자질을 기를 시간도 없었을 것이다?

윤여준　그렇죠. 그럴 필요성을 못 느꼈을 테니까요.

박종진　그런데 안 원장을 잘 알고 계시는 분들의 이야기를 들으면 "이분은 반드시 대선에 나온다", 이렇게 확신하고 있는 분들이 있단 말이에요.

윤여준　저는 확신까지는 아닐지라도 안 원장 성격으로 볼 때, 불과 넉 달 접촉해봤지만 나름대로 성격은 보이잖아요. 그때 겪어본 바로는 대통령 선거에 출마할 생각이 정말 없다면 진작에 "안 한다"라는 말을 분명하게 했을 겁니다. 그런데 지금까지 안 한다는 말을 하지 않는 것을 보면 생각은 분명히 있다고 봐야겠죠.

개방적이고 수평적인
리더십 가진 지도자 필요

박종진　문재인 노무현재단 이사장은 어떻게 생각하세요?

윤여준　그분은 전혀 모르는 분인데요. 사진으로 보는 인상은 참 호감이 가더라고요. 좋던데요. 그분이 노무현 정부 때 민정수석하고 비서실장을 했죠. 그 기간 중에 단 한 번도 그분과 관련한 개인적인 잡음을 들어본 적이 없어요. 자기관리를 굉장히 엄격하게 한다는 이야기잖아요.

박종진　제가 그때 청와대 출입기자였습니다. 전혀 없었죠.

윤여준　그렇죠. 그렇다면 고위공직자로서 그것은 상당히 모범적이잖아요. 그런 점에서 훌륭하죠. 그런데 한 나라를 다스리는, 더군다나 대한민국 같은 복잡하고 다스리기 어려운 나라의 국정운영을 책임진다는 것은 또 다른 자질이 필요한 거니까. 그분이 대통령감으로 어떤지는 잘 모르겠습니다.

박종진　(문 이사장이) 비서실장 하실 때 사석에서 "개인적으로 돈이 많기 때문에 뇌물받을 이유가 없다"라고 하셨습니다.

윤여준　돈이 많은 사람이 돈을 탐하는 경우도 많아요. 옛말에도 있잖아요. 99섬 가진 사람이 1섬 가진 것 빼앗아 100섬 채운다고요.

박종진　제가 볼 때 돈은 별로 없으신 것 같은데 일부러 그렇게 말씀하신 것 같아요. 그런 오해를 아예 불식시키려고요. 박근혜 비대위원장은 어떻게 보십니까?

윤여준　대통령 후보로서 면모를 보여줄 계기가 별로 없었죠. 그러니까 아직은 미지수로 남아 있는데, 제가 평소에 박 비대위원장에 대해 비판적인 이야기를 하는 편입니다. 왜냐하면 지금까지 보여준 리더십의 성격이 시대와 잘 안 맞는다고 생각하기 때문입니다. 지금은 수평적이고 개방적인 리더십이 필요한데, 박 비대위원장의 경우 상당히 폐쇄적이고 수직적인 리더십을 갖고 있지 않느냐는 거죠. 그것은 다분히 권위주의 시대에 우리가 봐왔던 성격의 리더십이고 그렇기 때문에 앞으로 대통령이 되려면 시대에 걸맞은 리더로서의 면모를 보여줘야 될 텐데, 아직은 그런 모습을 안 보여주고 있어서 그 점을 비판한 일이 몇 번 있습니다.

박종진   수평적이고 개방적인 리더십이라는 것은 '국민들과 눈높이를 맞춘다'라는 이야기죠?

윤여준   그렇죠. 얼마 전에 박 비대위원장이 "국민들만 바라보고 가겠다"라는 말을 한 적이 있습니다. 저는 그것만으로는 충분하지 않다고 봅니다. 국민들을 어느 위치에서 바라보는지는 잘 모르겠지만 평소 '국민들과 함께 간다'라는 생각을 하고 있는 지도자가 돼야 하지 않을까요?

박종진   박정희, 전두환, 노태우, 김영삼 정부 등 어떻게 보면 우파 정부의 일을 하셨던 분인데요.

윤여준   그렇죠. 그 시절에는 그랬습니다.

박종진   그렇다면 아무래도 새누리당에 더 애정을 갖고 있겠습니다.

윤여준   제가 한나라당 소속 국회의원을 한 번 했잖아요. 그러니까 당 소속 국회의원을 4년간 한 사람으로서 당명은 바뀌었지만 애정이 없을 수 없죠.

박종진　'새누리당'이라는 당명은 마음에 드십니까?

윤여준　전 별로예요(웃음). 좋다는 생각이 안 듭니다. 굳이 바꿀 필요가 있었나 싶어요. 한나라당이 국민들에게 부정적인 인식을 주고 있으면 이름을 바꿀 것이 아니라 나쁘고 잘못된 것은 고치고 긍정적이고 좋은 것은 계승하도록 노력해야지요. 박 비대위원장이 자꾸 '단절' 이야기를 하는 것 같던데요. 정치 지도자가 그런 이야기를 할 때는 정말 조심해야 된다고 생각합니다. '단절'을 이야기하면 축적이 안 돼요. 연속성이 있어야 하고 일관성이 있어야 하죠. 자꾸 '단절', '단절' 하는 것은 신중했으면 좋겠어요. 그런 의미에서 당명 바꾸는 것도 저는 현명한 일은 아니라고 생각하는 사람입니다.

박종진　이번에는 이명박 정부에 대해 이야기해볼게요.

윤여준　긍정적인 것과 부정적인 것이 어느 정도 엇비슷해야 평가를 하는 것인데, 참 그러네요(웃음).

박종진　그 말씀은 평가할 가치가 없다는 뜻인가요?

윤여준　가치가 없다고 하기에는 그렇지만 평가하기가 곤혹스럽다는 거죠.

박종진　부정적인 부분이 많다는 이야기죠?

윤여준　그럴 수밖에 없습니다. 현실이 그것을 증명하는데 어쩌겠습니까?

박종진　가장 큰 실정, 가장 가슴 아프게 생각되는 것으로는 어떤 것이 있습니까?

윤여준　제가 볼 때는 부문별 정책보다도 이명박 정부의 가장 큰 과오는 국가의 공공성을 파괴한 것*이라고 봅니다. 우리가 대한민국이라는 국가를 구성하고 살고 있잖아요. 공동체 아닙니까? 공동체를 만들고 유지하는 데는 '공공성'이 핵심 가치입니다. 이것은 생명과 같은 거거든요.

박종진　어렵습니다. 공공성이 뭡니까?

윤여준　쉽게 말하면 '다수 국민의 이익'이라고 볼 수도 있고요.

박종진　구체적인 예를 하나 들어줄 수 있을까요?

윤여준　예를 들면 이명박 대통령이 취임해서 내각을 구성하고 대통령실 수석이나 실장을 인선했을 때죠. 그것은 고위공직이잖아요. 고위공직이란 글자 그대로 그런 공공성을 추구하는 것을 목적으로 국가권력을 행사하는 자리죠. 그러니까 인선 기준이 공적이 돼야 합니다. 공적 기준으로 사람을 써야 한다는 이야기죠. 그 공적 기준이라는 것이 뭐냐, 적재적소에 사람을 써야 된다는 거예요. 그런데 이른바 '강부자, 고소영 내각'이라는 평가를 받았어요. 그게 무슨 뜻이냐 하면 대통령이 사적인 인연으로 고위공직자를 썼다는 뜻이잖아요. 여기에서 공공성이 완전히 파괴되기 시작한 거죠. 출발부터 그렇게 됐기에 공공성이 파괴된 사례가 많습니다. 그래서 저는 뭐니 뭐니 해도 국가라는 공동체를 형성하고 유지하는 데 있어 핵심 가치인 공공성이 파괴된 것은 정말 큰 과오라고 생각하는 사람입니다.

＊윤여준은 2012년 5월 23일 '국가와 공공성'을 주제로 한 강연에서 이명박 정부의 공공성 파괴 사례로 4대강 사업, 민간인 불법사찰, 정실 인사, 측근 비리, 기업 '프렌들리' 정책 등을 들었다.

치명적인 인사 과오
'만사형통, 영일대군'

박종진　　이명박 정부의 첫 번째 과오는 이른바 '강부자, 고소영 내각' 구성하면서 공공성을 무너뜨린 거고요. 두 번째는요?

윤여준　　그다음은 예를 들면 이런 거죠. 최근에 문제가 됐습니다만, '만사형통, 영일대군'.

박종진　　모든 일은 형님으로 통한다는 거죠?

윤여준　　네, '만사형통'의 '형통할 형(亨)' 대신 '형님 형(兄)'자를 써서 신문에 제목으로까지 뽑혀 나왔어요. 그리고 '영일대군' 같은 말들이 떠돌아다녔고요. 지금이 조선 후기도 아니고 21세기 민주주의 시대에 살면서 대통령의 사적인 친소(親疏)나 혈연관계를 가지고 무슨 '대군' 호칭을 붙이는 것이 공공연하게 유행했습니다. 그런데 그것을 막기 위한 적극적인 노력을 대통령도 안 하고 장·차관도 안 했어요. 이런 것이 공공성을 파괴한 하나의 큰 사례죠. 제가 보기에는 정권은 물론 국민들에게도 치명적인 상처를 안겨줬습니다.

박종진　　측근 비리는 이명박 정부의 치명적인 문제죠.

윤여준　　네. 사람 쓰는 게 제일 중요하고 국민들이 가장 예민하게 반응하는 것도 인사입니다.

박종진　　'인사가 만사'라고 했죠.

윤여준　　오죽하면 그러겠습니까? 옛날 왕조 때부터 그랬죠.

박종진　　남북관계는 어떻습니까?

윤여준　　그야말로 완전히 망가지다시피 돼버렸죠. 대화가 단절된 상태잖아요. 그러니까 분단 관리를 현명하게 해줘야 되는데 제대로 못했기 때문에 남북관계가 완전히 망가져서 민족 문제가 미국과 중국 간의 국제 문제가 다 된 것 같고. 북한이 경제적으로 중국에 많이 예속돼 있잖아요. 이런 것들이 장기적으로 볼 때 국가이익에도 부합하지 않는다는 이야기죠.

박종진　그러면 남북관계는 어떻게 풀어가야 됩니까?

윤여준　그러니까 우리가 흔히 '인게이지먼트 팔러시(Engagement Policy)'라고 하는데, 해석하면 개입정책, 관여정책이라는 뜻입니다. 이게 협상의 일반 원칙인데 필요에 따라 채찍도 쓰고 당근도 쓴다는 거죠. 북한도 그렇게 다룰 수밖에 없는 거예요. 이명박 정부가 처음에 대북강경책을 편 것은 이해가 가는 면이 있습니다. 왜냐하면 '과거 10년 동안 북한을 잘못 다뤄서 버릇을 나쁘게 들였다. 그래서 국민들의 자존심이 많이 상했기 때문에 바꾸겠다'라는 측면이 있었거든요. 저는 바꾸겠다는 건 좋다고 생각하지만 그렇다고 아예 압박과 제재로 가는 것은 현실적이지 않았다는 입장이죠. 2009년 10월 중국 정부가 중국의 안보에는 북한의 핵 폐기보다 한반도 안전이 더 중요하다고 공개적으로 선언했을 때 우리가 아무리 북한을 압박해도 체제가 붕괴되지 않는다는 것을 알았어야죠. 그때라도 정책을 선회했어야 되는데 때를 놓쳐버렸어요. 그러다가 이제 와서 정상회담으로 돌파구를 찾으려 노력하는 것 같은데, 그게 쉽게 되겠습니까? 남북관계는 이명박 대통령 임기 중에는 거의 단절된 상태이고 망가졌죠, 뭐.

박종진　그렇게 해서 한미동맹은 굳건해졌지만 한중관계는 굳건하지 못했다?

윤여준　네. 우리는 한쪽으로는 한미동맹이라는 것이 있고 또 다른 한쪽으로는 한중우호가 있잖아요. 안보는 미국에 의존하고 있고 경제는 중국 의존도가 높죠. 때문에 한반도에서 미국과 중국이 충돌하는 구도를 만들면 안 됩니다. 어느 쪽에도 설 수 없으니까 딜레마에 빠질 수 있잖아요. 이를 위해 북한 관리를 제대로 해서 그들이 몸부림치는 일이 없도록 해야죠. 그런데 제재와 압박을 가하면 북한은 그것에서 벗어나려고 몸부림을 치게 되잖아요. 몸부림을 치면 북한이야 잃을 게 뭐 있습니까? 하지만 우리는 잃을 게 많잖아요. 그러니까 북한 관리를 잘해서 북한이 몸부림치는 일이 없도록 할 필요가 있다는 거죠.

박종진　북한이 몸부림치면 미국과 중국이 움직이게 되고 그렇게 되면 우리나라가 중간에서 무척 힘들어진다는 거죠?

윤여준　그렇죠. 미국과 중국 양쪽 중 어디에 설 거냐는 거죠.

박종진　지금 탈북동포들이 중국에서 북송될 위기에 처해 있지 않습니까? 안타깝게 보시죠?

윤여준　물론이죠. 저도 몇 년 전에 동북 3성에 가서 탈북한 사람들과 그 자녀들을 만난 일이 있는데, 정말 눈물이 나서 볼 수가 없어요. 이 사람들을 다시 북한으로 보낸다, 물론 중국은 불법 월경한 사람들이라고 형식 논리는 있습니다만, 저는 중국이 그렇게 할 일은 아니라고 봅니다.

박종진　제가 진짜 질문드리고 싶은 것이 있는데요. 대답 안 해주실 것 같아요. 『대통령의 자격』이라는 책 쓰셨잖아요. 어떤 인물이 대통령이 돼야 되는지요. 내가 만난 사람 중에 '아, 이 사람은 느낌이 있다!', 이런 거 있으신지요?

윤여준　뭐, 아직까지는 대통령 후보들이 대통령으로서의 자질을 놓고 경쟁한 일이 없잖아요. 저로서는 판단할 근거가 없죠.

박종진　잠재적 주자들은 있잖아요.

윤여준　잠재적 주자들은 있지만 말 그대로 잠재적이지 그분들이 대통령 후보로서 자질을 보여준, 그런 계기는 아직 없지 않습니까? 아직은 판단하려고 해도 무슨 근거가 없으니까 조심스럽죠.

박종진　아무리 국회의원과 대통령을 욕해도 국가를 위해 하는 일이 워낙 중요하기 때문에 이분들을 잘 뽑으라고 당부의 말씀 한마디 해주실 수 있을까요?

윤여준　지금까지는 유권자들도 동향, 동창, 친척 이런 사적 연고로 많이 찍었어요. 국민의 대표이니까, 이제 그러시지 말고 그 사람의 자질과 능력, 경험을 꼼꼼히 따져보고 정당보다는 사람 중심으로 뽑으라는 것입니다. 정당 중심으로 찍으니까 두 정당들이 기득권을 유지하기 편한 대로 가거든요. 이른바 '적대적 공생관계'라고 하잖아요. 이것을 타파해야만 한국 정치가 바뀝니다.

　　윤여준은 지난 7월 3일 국회 의원회관에서 열린 새누리당 '경제민주화실천모임' 특강에서 성공한 대통령이 되기 위해서는 "권력의 사유화를 어떻게든 막아야 한다"라며 이를 위한 '공공성'을 강조했다. 그러면서 박근혜 후보에 대해 "선공후사, 절제된 언행을 보면 자질에 있어서는 공공성이 높아 보인다. 그러나 당 운영 방식 등을 보면 공공성에 대한 의식, 능력이 많이 부족한 것 아니냐"라고 지적했다.

내가 만난
윤여준

솔직히 나는 이분의 별명이 '제갈량'이라는 사실을 돌랐다.
생방송 때는 무척 신중한 모습을 보이며 말을 아꼈다.
방송 출연 이후 얼마 안 돼 우연히 사석에서 만났다. 편안한 자리였는지
방송에서와는 달리 여러 이야기를 많이 하셨다. 그의 한마디 한마디에
깜짝 놀랐다. 현 정치 상황을 분석하는 데 있어 지극히 상식적인 논리로
접근했는데도 그 논리가 새로워 보이고 믿음이 갔다.
예지력도 뛰어나 앞으로 어떤 사람이 대통령이 될 것인지 조심스러운
자세로 예견했고, 각 후보의 장단점도 나름대로의 새로운 논리로
분석했다. 그가 하는 모든 이야기에 동감했다. 그래서 앞으로 대통령이
되려는 사람은 이분을 옆에 두면 되겠구나, 하는 생각이 문득 들었다.
실제로 이회창 전 대통령 후보가 당선되지 못한 여러 가지 이유가
있겠지만 어쩌면 과거 선거운동 중간에 윤여준 전 장관을 멀리했다는
사실도 이유가 될 수 있겠다, 싶었다. 그는 확실히 제갈량이었다.
하지만 제갈량이 많은 시기와 질투를 받은 것처럼
이분도 그런 것 같았다. 환경부 장관을 비롯해 청와대 비서관 등을
지낸 화려한 이력의 소유자인 만큼 그동안의 경험과 예지력, 분석력을
국가 발전에 활용하면 참 좋겠다는 생각을 했다.
당일 시청률이 무척 높아 계속 패널로 섭외하려고 노력했지만 다른
방송사에서 이분의 이름을 건 프로그램의 진행자로 모셔갔다.

윤창중

"
안철수의 생각이
젖비린내
나는 까닭
"

철딱서니 없는 20대 운동권의 유치찬란한 발상,

유치찬란한 국가관, 그 어설픈 사이비 대북관에서

한 발자국도 벗어나지 못했을 뿐만 아니라

그걸 앵무새처럼 반복하는 사람한테 대한민국을 맡겨도 되겠는가?

과연 그가 세계 10위의 경제대국인

대한민국의 국가지도자가 될 수 있겠는가?

이런 생각을 했습니다.

대한민국에 인재가 그렇게 없습니까?

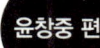

윤창중은 문화일보 정치부 기자를 거쳐 논설실장을 지낸 보수논객이다.
한국신문방송편집인협회 부회장, 중앙선거관리위원회 선거자문위원 · 공직자윤리위원을
지냈으며 현재 정치 · 외교 · 안보 분야 칼럼니스트로 활동하고 있다. 문화일보 논설위원 시절,
권력에 굴복하지 않는 독특한 문체와 촌철살인의 논평으로
'대한민국의 풀리처상'이라는 서울언론인클럽 신문칼럼상을 수상했다.
그는 2009년 7월 24일 '박근혜를 쫓아내려는 이재오의 음모가 있다'라는 내용의 칼럼을 써서
민사소송에 휘말렸으나 승소했다. 당시 그는 "100만원의 벌금 선고만 있었어도
언론계를 떠나려고 했는데 사법부가 무죄를 선고해 다행이다"라고 말했다.
_2012년 7월 20일 방송

박종진　　오늘은 신문이든 잡지든 가리지 않고 엄청나게 거친 말들을 쏟아 붓고 있는 분을 모시고 대선 정국에 대해 이야기해보겠습니다. 재미있는 건 입담이 거칠어질수록 인기도 더하고 있다는 겁니다. '윤창중 칼럼세상'의 윤창중 대표가 함께 자리했습니다. 소개를 잘했습니까?

윤창중　　글쎄, 별로 마음에는 안 드는데요.

박종진　　아, 마음에 안 드십니까? 네, 알겠습니다. 어제(2012년 7월 19일) 출간된 『안철수의 생각』, '안'을 빼면 '철수의 생각'입니다만, 이 책이 불티나게 팔리고 있다고 합니다. 소문으로는 하루 동안 1만 부가 팔렸다, 이러던데요. 읽어보셨습니까?

윤창중　　『안철수의 생각』이라는 책을 한마디로 표현하면 '젖비린내

난다'라고 할 수 있겠습니다.

박종진 그렇게 막말하셔도 됩니까?

윤창중 아, 괜찮아요.

박종진 그래도 대선 후보가 되실지도 모르는 분인데.

윤창중 입에서 어린아이 젖 냄새가 풀풀 난다!

박종진 혹시?

삐 삐 삐 삐 삐 삐 ~~~~~

윤창중 아니 왜 사이렌이 울리는 겁니까? 입에서 젖비린내가 풀풀 난다, 한자로 구상유취(口尚乳臭)라는 표현이 있지 않습니까? 저는 안철수 원장에게 열광하는 사람들이 많다기에 뭐가 됐든 그의 머릿속에 대단한 무엇이 내장된 걸로 생각했어요. 그런데 책을 읽어보니, 사심 없이 말씀드리는 겁니다, 제가 이 땅에서 살아가는 한 논객으로서 '아, 이렇게도 생각할 수 있겠구나. 이건 나와는 생각이 다르지만 이러한 발상도 할 수 있겠구나'라는 대목이 단 한 줄도 없어요. 오로지 철딱서니 없는 20대 운동권의 유치찬란한 발상, 유치찬란한 국가관, 그 어설픈 사이비 대북관에서 한 발자국도 벗어나지 못했을 뿐만 아니라 그걸 앵무새처럼 반복하는 사람한테 대한민국을 맡겨도 되겠는가? 과연 그가 세계 10위의 경제대국인 대한민국의 국가지도자가 될 수 있겠는가? 이런 생각을 했습니다. 대한민국에 인재가 그렇게 없습니까? 그러면서 책이랍시고 내놨는데, 과연 그걸 책이라고 할 수 있습니까? 서로 대화한 거 녹음해 풀어놓은 거, 그게 책이 됩니까?

박종진　그런데 책 표지는 참 예뻐요.

윤창중　아, 좀 기다려보세요. 한 국가를 책임지겠다는 사람이 낸 책이 이 정도밖에 안 됩니까? 물론 여러분은 책을 사고 싶으면 사세요. 그러나 우리의 현실이 그렇다는 겁니다. 미국의 오바마 대통령이 대선 출마를 할 때 내놓은 책 아시죠? 『담대한 희망』.

박종진　네, 읽어봤습니다.

윤창중　그 책을 읽어보면 얼마나 깊이가 있습니까? '미국을, 전 세계를 어떻게 이끌어가겠다'가 보이잖아요.

박종진　인문사회, 철학적 깊이가 있지요.

윤창중　그리고 나카소네 야스히로(中曾根康弘) 일본 전 총리가 쓴 『보수의 유언』.

박종진　엄청난 책이지요.

윤창중　네. 아베 신타로(安倍晋太郎)가 총리가 되기 전에 쓴 『아름다운 국가를 위해』, 이런 책도 한 번 보세요. 그런데 『안철수의 생각』, 이 책은 그야말로 좌파 신문 사설들, 인터넷 기사 쪼가리들, 좌파 서적 서너 권 읽고 흥분하는 사이비 운동권과 사이비 좌파들의 그 사고체계에 그대로 머물러 있는 겁니다. 나 참, 저는 경악했습니다. 한마디로 젖비린내 난다, 이겁니다.

박종진　그런데 젖비린내요, 그 풀풀 나는 젖비린내, 저는 참 좋던데요. 자녀 키워보셨잖아요? 너무 좋지 않습니까? 젖비린내.

윤창중　그게 어린아이들 입에서 나면 좋은데 쉰 살 된 대권 후보자의 입에서 나면 그건 악취지요. 불쾌하지요.

박종진　아, 젖비린내가 어린아이의 입에서 나오면 아름다운데, 50

대 입에서 나오면 악취다?

윤창중　자, 이제 젖비린내 이야기는 그만하고요.

박종진　네, 이제부터 왜 그런지 내용을 구체적으로 좀 짚어보죠.

종북 세력 논리에
동조하는 안철수

윤창중　『안철수의 생각』에서 김정일의 천안함 피격 사건에 대해 뭐라고 했는지 아세요? '정부 발표는 기본적으로 믿지만 이견을 무시하는 태도가 사태를 악화시켰다', 이렇게 이야기했어요.

박종진　맞는 이야기 아닙니까?

윤창중　좀 기다려보세요.

박종진　네, 기다려볼게요.

윤창중　김정일이 천안함을 피격시켜서 마흔여섯 명의 생때같은 대한민국 해군 장병을 수장시켰음에도 북한에서 '대한민국이 조작한 거다'라고 주장한 것을 대한민국의 종북 세력들이 그대로 유포했던 거 아닙니까? 그러다가 전 세계 국가가 모여 북한 소행임을 명명백백하게 밝히니까 그때 조작이라고 생떼를 쓰던 세력들이 뭐라고 했습니까? "왜 우리의 과학적 의견도 제시하지 못하게 하느냐?"라고 했지요. 누가 제시하지 말라고 그랬습니까? 제시하지 말라는 게 아니라 북한이 말한 조작설을 일방적으로 앵무새처럼 되풀이하면서 이를 뒷받침하기 위해 자기들이 만들어낸 이야기를 하는 게 문제라는 거죠. 그런데 그것을 일국의 대통령 후보가 되겠다는 사람이 '정부의 발표는 믿지만, 이견을 무시하는 태도 때문에 사태가 악화됐다', 이런 말을 할 수 있는 겁니까?

박종진　　그래도 저는 서로 다른, 이견을 존중하는 사회가 바람직하다고 생각하는데요.

윤창중　　이견이야 나올 수 있죠. 그런데 우리 대한민국의 육군, 해군이 가서 조사한 게 아니에요. 사실 외국 전문가들을 불러올 필요도 없었어요. 이명박 대통령이 정말 문약한 지도자이기 때문에 외국 전문가를 불러온 거예요. 예를 들어 자기 부인이 밤에 길을 가다가 이웃집 남자한테 맞았다고 쳐요. 그러면 그 남편이 '이것은 내가 평소에 생각했던 이웃집 남자의 소행이다'라고 단정 지어야지, 동네 사람 다 불러놓고 "이게 그 남자의 소행인지, 아닌지 조사해보자. 병원에 가서 검사해보자" 하다가 세월 다 보내는 식이에요. 자, 그리고 또 이런 말도 했어요. '이명박 정부의 대북정책이 채찍 위주이고 기계적 상호주의이기 때문에 북한이 그런 도발을 했다'*라고요.

박종진　　저는 MB 정부가 북한에 채찍을 사용한 적이 없었던 걸로 기억하는데요.

윤창중　　그렇죠. 자, 2008년 7월 박양자 씨가 금강산 관광을 갔다가 북한 인민군이 뒤에서 쏜 총에 맞아 어떻게 됐습니까?

---

* 윤창중이 말한 내용이 『안철수의 생각』 본문에는 이렇게 되어 있다. '이명박 정부가 채찍 위주 강경책이나 기계적 상호주의를 고수한 것은 북한이 곧 무너질 것이라는 붕괴 시나리오에 따른 것인데 그런 시나리오는 설득력이 없다' (중략) '북한의 붕괴를 전제한 봉쇄정책은 한반도의 긴장만 고조시키고 평화를 훼손한다'.

박종진 죽었습니다.

윤창중 피살됐지요? 그리고 북한이 임진각에서 물 폭탄 때려가지고 야영하던 무고한 대한민국 국민 여섯 명이 죽었습니다. 천안함 피격 사건으로 마흔여섯 명이 죽었고요. 연평도에서 민간인을 포격 도발해서 또 얼마나 죽었습니까? 이명박 정권 4년 동안 북한 김정일 때문에 죽은 사람이 예순아홉 명이나 됩니다. 이명박 정권이 거기다 대고 단 한 번이라도 보복을 했습니까? 그런데도 이명박 정권의 채찍주의가, 기계적 상호주의가 북한을 자극해서 그들의 도발을 유도했다? 이것은요, 세계 어느 나라에서도 인정하지 않는 이야기를 대한민국의 종북 세력들이 억지 부리며 하고 있는 겁니다. 거기에 안 원장이 100% 동조하는 논조를 편다는 것은 아주 유치한 발상이에요.

박종진 기계적 상호주의는 어느 정도 일리가 있는 이야기 아닙니까?

윤창중 뭐가 일리가 있습니까?

박종진 아니, 그러니까 어떤…….

윤창중 아니, 상호주의라는 건 쉽게 말해 우리가 북한을 도와주겠다, 그러니 너희들도 무력도발하지 말고 여기에 상응하는 반응을 보여라, 이거예요. 이게 상호주의입니다. 상호주의면 상호주의지, 무슨 기계적이고 기계적이 아닌 게 있습니까? 그러면 북한은 도발을 하는데, 우리는 맹목적으로 북한에 퍼줘야 합니까? 안 원장은 또 이런 말도 했어요. '남한이 북한에 돈을 가져다주지 않았더라도 북한은 핵무기를 개발했을 것이라는 분석이 많다'라고요. 북한이 무슨 돈이 있어서 그 엄청난 핵무기를 개발할 수 있었겠습니까?

박종진 우리나라가 금강산 관광 사업을 통해 북한에 돈을 줬기 때문에 그들이 핵무기를 개발할 수 있었다라고 주장하시는 거죠?

윤창중   그렇죠. 당연한 거죠. 금강산 관광을 가기 위해 모든 비용을 달러로 지불했습니다. 이른바 달러박스였지요. 우리가 김대중, 노무현으로 이어지는 좌파 정권 10년 동안 북한에 퍼준 돈이 얼마나 많습니까? 그렇게 퍼줘서 돌아온 게 북한의 미사일 개발이고, 핵무기 개발인 거예요.

박종진   김영삼 대통령 때는 지원 안 했습니까?

윤창중   김영삼 대통령 때도 지원을 했지요.

박종진   박정희 대통령 때는 안 했습니까?

윤창중   했지요. 왜 안 했겠습니까?

박종진   노태우 대통령 때도 분명히 했지요?

윤창중   했지요. 다 했는데 특히 김대중, 노무현 때 현금 다발을 그야말로 마구잡이로 퍼줬기 때문에 김정일이 그 돈을 갖고 핵 개발을 한 겁니다.

박종진   마구잡이로 퍼준 건 아니고 우리는 대신 금강산 관광을 했죠.

윤창중   그런데 오늘 좀 이상하시네?

박종진   아니, 그게 아니라 마구잡이로 퍼줬다고 하시니까요. 우리가 금강산을 보고 준 거지요, 그 돈을.

윤창중   하여튼 그게 본질은 아니니까. 그러면 우리가 북한에 여행 가는데 왜 한국 돈을 안 내고 달러를 냅니까? 그것은 금강산 관광이라는 채널을 통해 북한이 이른바 '미화'를 끌어들였다는 겁니다. 이건 대한민국의 일부 세력을 제외하고는 다 인정하는 사실이에요.

검증을 건너뛰고
대권을 날로 먹겠다?

박종진　최근 안철수 원장이 비서실장 인선에 나섰다는 기사가 나왔는데, 그렇다면 공식 출마 선언을 한다고 확신해도 되는 건가요?

윤창중　이번에도 공식 선언을 했어야지요. 지금 해도 늦은 거 아닙니까? 대통령 선거가 12월 19일인데, 이제 몇 개월 남지도 않았어요. 국가지도자가 되겠다는 사람으로서 어떻게 보면 무책임한 겁니다. 검증을 건너뛰고 그야말로 대권을 날로 먹겠다는, 그런 야심 아니겠습니까? 이번 책을 보세요. 아까 제가 말씀을 드렸습니다만, 자신의 정치철학을 자신의 손으로 1쪽부터 끝까지 써야지, 누구와 대담한 걸 가지고 책을 내다니요. 그런데 본인도 어떻게 보면 자신에 대해 좀 알고 있는 것 같아요. 자신에 대해 아니까 검증을 건너뛰고 대권을 얻어보자, 라는 거 아니겠어요? 자신의 분수를 좀 알아야지요? 소크라테스의 말처럼.

박종진　'너 자신을 알라'.

윤창중　'너 자신을 알라'라는 격언이 지금까지 유효한 것은 정말 자기 자신도 모르면서 대통령이 되겠다고 하는 사람이 대한민국에 넘쳐나고 있기 때문이에요.

박종진　너무 많죠.

윤창중　너무 많은 거예요.

박종진　'너 자신을 알라'라는 말을 들으면 전부 부끄러워해야 돼요, 그렇죠?

윤창중   부끄러워해야죠.

박종진   윤 대표님도 '너 자신을 알라'라는 말을 들으면 부끄럽죠?

윤창중   너 자신을 알겠습니다.

박종진   네, 저도 제 자신을 알겠습니다. 부끄럽습니다.

윤창중   이게 말이죠, 제가 칼럼에도 썼잖아요. '안철수 원장을 보니 굉장한 야심가인데, 지금 국정 운영 경험이나 이런 문제에 대해 준비가 전혀 안 되어 있으니까 앞으로 5년 동안 철저히 공부해서 차차기에 도전하면 어떻겠느냐?'라고요.

박종진   네.

윤창중   그런데 이번 책을 보니까 비뚤어진 이념 체계와 국가관을 가졌을 뿐만 아니라 인문사회과학 분야에 대한 기본이 결여된 사람이 과연 5년 안에 그 진도를 따라잡을 수 있을 것인가? 라는 의문이 들어요.

박종진   차차기도 안 된다, 이런 이야기입니까?

윤창중   차차기도 어려울 것 같아요.

박종진   차차차로 가야 됩니까?

윤창중   완전히 겉멋만 들어가지고 예능 프로그램에나 나가고⋯⋯. 안 원장의 인기가 어디에서 시작된 겁니까? MBC '무릎팍 도사'에 나간 뒤부터 인기가 올라간 거 아니에요?

박종진   네.

윤창중   대선 후보라면 정정당당하게 대선 출마 선언을 하고 국민의 심판을 받아야지, 지금 대선이 연예인들 인기투표를 해서 뽑는 게 아니지 않습니까?

박종진   안 원장을 〈박종진의 쾌도난마〉에 모실 때 같이 나오셔서 이야기 좀 할까요?

윤창중　불러주십시오.

박종진　네, 알겠습니다. 그러면 멋진 판이 벌어질 것 같은데요. 자, 윤 대표님 생각과는 달리 어찌됐든 안철수 돌풍이 불고 있는데 새누리 당은 무엇을 하고 있습니까? 한마디 하셔야지요. 새누리당도 김병화 대법관 후보 때문에 말이 많던데, 어떻게 보고 있습니까?

쓰레기 기득권층의
부정부패 대백과사전

윤창중　지금 대법관 후보인 김병화라는 분을 새누리당이 인준을 할 것이냐, 하지 않을 것이냐로 논쟁을 벌이고 있는데 정말 새누리당은 정신 차려야 됩니다.

박종진　새누리당은 정신 차려야 한다?

윤창중　정두언 의원에 대한 체포동의안을 부결*시켜놓고 새누리 당이 정의를 말할 자격이 있습니까? 그런데 지금 대법관 후보인 김병

---

* 2012년 7월 11일 새누리당 정두언 의원에 대한 체포동의안이 부결됐다. 정 의원은 이상득 전 의원이 17대 대선 직전 임석 솔로몬저축은행 회장에게 3억원가량을 받을 때 동석했으며, 그 돈을 차량 트렁크에 실은 것으로 알려져 영장에 이 전 의원과 공범으로 적시된 바 있다. 또한 임 회장에게 3천만원을 받고, 2008년 총선을 앞둔 시기에 비서관을 통해 역시 임 회장 에게 1억원이 든 상자를 받은 혐의 등을 받고 있다. 그러나 무소속 박주선 의원에 대한 체포 동의안은 가결되고 집권 여당 의원인 정 의원에 대해서는 부결되는 결과가 나오면서 새누리 당은 '제 식구 감싸기'라는 거센 비난을 받았다.

화 씨에 대한 의혹들 좀 보세요. 부동산 투기에 위장 전입, 저축은행에 대한 수사 무마 청탁 의혹, 강남 최고 요지에 있는 86평짜리 아파트를 브로커와 며칠 시차로 찾아가서 이웃집으로 공동 구매했다는 의혹까지, 이건 대한민국 쓰레기 기득권층의 부정부패를 모아놓은, 말 그대로 부정부패 대백과사전입니다.

박종진　아, 김병화 후보가요?

윤창중　그럼, 아닙니까? 지금 신문과 방송에 다 나오는 이야기예요. 그런데 이런 분이 대한민국 최고 법원인 대법원의 대법관석에 앉아 사각모 쓰고 법복 입고 대한민국 법치주의를 운운한다? 집권 여당인 새누리당이 그렇게 만들어놓고서 국민들한테 다음 정권을 또 달라고 한다? 이건 정말 해도 해도 너무한 겁니다. 김병화 후보라는 분은 이른바 경북고, 서울대 법대 출신의 TK 중에서도 골수 TK입니다. 제가 대구·경북분들한테 특별히 나쁜 감정이 있어서 그분들 기분 나쁘라고 자극하는 게 아니라 현실이 그렇다는 거예요. 자, 새누리당은 어떤 당입니까? 새누리당의 본적이 TK 아닙니까?

박종진　본적?

윤창중　네, 대법관 인사청문회 특위 간사인 새누리당 이한성 의원, 이분도 경북 문경·예천 출신 아닙니까? 서울대 법대 선후배, 검찰 선후배, 이런 분들이 다 모여서 국민들이 그렇게 욕을 하는데도 자기들끼리 '이번에 TK 출신 대법관이 나와야 한다'라는 거죠. 대한민국 권력을 TK가 산 겁니까? 전세 냈습니까? 전유물입니까?

박종진　네, 오늘 말씀하신 부정부패 대백과사전, 그 단어 괜찮은데요. 이젠 버려야 돼요, 부정부패 대백과사전.

윤창중　지금 기득권층이라고 욕먹는 분들도 많지만, 대한민국 건국과 산업화·민주화 과정에서 정말 피땀 흘려 노력하고 희생하신 분들이 있었기에 우리나라가 세계 10위 강국이 된 거예요. 그런데 그 이면에서 노블레스 오블리주(Noblesse Oblige)를 실천하지 않고 부정부패를 저지른 쓰레기 보수파 이런 분들이 오히려 입만 열면 '보수파가 어떠니, 국가 안보가 어떠니, 대한민국이 무슨 빨갱이 때문에 큰일 났느니' 하고 다니기 때문에 진정한 보수파들이 도매금으로 욕을 먹는 겁니다.

박종진　쓰레기 냄새, 혹시 맡아보셨습니까?

윤창중　맡아봤죠.

박종진　그런데 요즘에는 맡을 기회가 별로 없어요. 워낙 아파트에서 깨끗하게 관리해서.

윤창중　그런데 갑자기 웬 쓰레기 냄새를?

박종진　쓰레기 냄새가 어떤 건지 잠깐 생각해봤습니다. 시간이 없으니 마지막으로 한 말씀만 해주시지요.

윤창중　새누리당이 정두원 의원 체포동의안을 부결시키고, 김병화 대법관 후보*에 대한 인준을 만지작거린다, 그러면 정말 돌아올 수 없는 다리를 건널 수 있습니다. 저는 명백하게 경고하고 싶습니다.

---

*탈세와 위장 전입 의혹에 저축은행 브로커에게 청탁을 받았다는 의혹까지 샀던 김병화 대법관 후보(전 인천지검장)는 결국 2012년 7월 26일 후보직에서 전격 사퇴했다. 대법원장이 임명제청하고 대통령이 임명동의를 구한 대법관 후보가 낙마한 것은 헌정 사상 처음 있는 일이다. 그동안 대법관 임명동의 과정에서 국회 인준을 받지 못한 사례는 단 한 차례도 없었다.

박종진　　부결시켜라, 이런 이야기죠?

윤창중　　당연하죠!

박종진　　알겠습니다. 그건 정치권에 맡기고요. 저희는 이렇게 평론하고 조용히 사라지도록 하겠습니다.

　　윤창중은 2012년 4월부터 〈박종진의 쾌도난마〉에 고정 출연하면서 자신의 블로그 '윤창중 칼럼세상'을 통해 나름의 주장을 펼치고 있다. 그는 최근 '박근혜의 추석 대공세'라는 제목의 칼럼에서 '박근혜가 독자적인 공세를 펼치지 못한다면 대선정국은 안철수에게 주도권을 **빼앗길** 수 있다'라고 했다. 그러면서 '대권주자라면 국민들의 가슴을 파고드는 듣기 쉬운 언어로 내가 대통령이 되면 대한민국을 어떻게 뒤집어엎을 것인가, 하는 청사진이 나와야 한다'라고 주문했다.

내가 만난
윤창중

나는 오래전부터 윤창중 대표의 팬이다. 문화일보 논설실장으로
있을 때 그가 쓴 칼럼을 읽고 매번 놀랐다. 어떻게 이런 글을 쓸 수 있나,
어디서 이런 용기가 날까, 하고 말이다. 그의 글은 거침이 없었다.
이 사회의 가려운 곳을 박박 긁어주었다. 시원하고 또 시원했다.
그래서 다른 선배에게 자리를 마련해달라고 부탁해 그를 만났다.
팬으로서 스타를 만나는 듯한 기분이 들었다.
이후 그가 문화일보를 그만두었을 때 깜짝 놀라 전화를 드렸고
삼고초려해서 〈박종진의 쾌도난마〉에 정중히 모셨다.
지금은 나와 동지가 되었다.
그는 대한민국 정치사를 꿰뚫어보는 몇 안 되는 언론인이다.
여당이든, 야당이든 그에게 걸리면 박살이 난다. 거칠 것이 없다.
그래서 팬들도 많다.
술자리를 여러 번 가지면서 그의 인간미에 감동했다. 솔직하고
정직하며, 특히 요즘 보기 드문 효자다. 불의에 굴복하지 않는 불굴의
용기도 가졌다. 그가 일제강점기 때 태어났더라면 아마 독립투사가
되었을 것이다.
누가 뭐래도 내가 본 윤 대표는 양심을 소중히 여기는 사람이었다.

황상민

"
기존 정치인들이
인기 없는 이유는
바로 이것 때문
"

대중은 뭔가 대단한 것, 뭔가 사람들의 마음을
혹하게 하는 것, 그런 걸 원하는 게 아니에요.
그냥 '아, 저 사람 생각이 이렇구나'라는,
분명히 확인할 수 있는 것,
일반적으로 '소통'이라고 하는, 그런 걸 원해요.
그런데 대부분의 정치인들은 상당히 멋있는 것,
그럴듯한 이야기,
정답 같은 이야기를 대중에게 던져주려고 그래요.
그렇다 보니까 진짜 누가 하는 이야기인지 별로 구분이 안 돼요.

'심리학계의 아이유', '황크라테스', '황반장' 등으로 불리는 황상민은 서울대 심리학과와 동대학원을 졸업하고 하버드대 대학원에서 심리학 석·박사학위를 받았다. 연세대 심리학과 교수로 재직 중인 그는 최근 방송 등을 통해 유력 대선 후보 평가나 대선 전망 등에 대한 발언을 쏟아 내고 있다. 지난 5월에는 한 라디오 프로그램에 출연해 '김연아의 교생 실습은 쇼'라는 발언을 해 논란의 중심에 섰다. 김연아 측은 그를 명예훼손 혐의로 고소했지만 결국 더 이상 논쟁에 휘말리는 것을 막기 위해 고소를 취하하면서 사건은 일단락됐다. _2012년 7월 25일 방송

박종진   '열 길 물속은 알아도 한 길 사람 속은 모른다'라는 속담이 있습니다. 그만큼 사람 속 알기가 되게 힘듭니다. 그런데 이걸 밥만 먹고 연구하시는 분이 계십니다. 정치인들의 심리를 신랄하게 폭로해 인기가 폭발적인 황상민 연세대 심리학과 교수님이 그 주인공이십니다. 우선 안철수 원장 이야기부터 해볼까요? 아무래도 세간의 관심이 그쪽이니까요. 최근 안철수식 정치가 뜨고 있다고 하잖아요. 책으로 정책을 내놓고, 예능 프로그램에 출연하고. 정치인이라면 이런 시사 프로그램에 먼저 나왔어야 되는 거 아닌가요?

황상민   아, 그렇게 생각하십니까?

박종진   네, 저는.

황상민　안 원장의 정치에 대해 좀 더 이해가 필요한 것 같습니다.

박종진　안철수식 정치, 대체 어떤 정치입니까?

황상민　혹시 이런 이야기 들어보셨습니까? 정치인은 대중에게 자신의 이야기를 할까요, 아니면 대중이 듣고 싶어 하는 이야기를 할까요?

박종진　대중이 듣고 싶은 이야기를 하는 게 정치 아닌가요?

황상민　그렇죠. 그러면 안 원장은 대중이 듣고 싶어 하는 이야기를 했을까요, 자신의 이야기를 했을까요? 책으로.

박종진　대중이 듣고 싶어 하는 이야기를 했겠죠.

황상민　아니죠. 대중이 듣고 싶은 것과 상관없이 일단 자신의 이야기를 한 겁니다. 그러니까 책으로 냈지요. 그게 인기가 있을지, 없을지 생각하지 않고 자신이 하고 싶은 이야기를 한 겁니다. 그리고 '제 이야기에 공감하면 생각 좀 더 해보십시다'라고 하는 거죠. 그 책 산 사람이 엄청 많다면서요?

박종진　네, 벌써 20만 부를 향해 돌진하고 있다는군요.

황상민　제가 쓴 『한국인의 심리코드』 이런 책은 기껏해야 1만 부밖에 안 팔렸는데……. 제 평생 꿈이 제 책이 10만 부 넘는 거거든요. 그런데 이분은 매일 글 쓰시는 분도 아니고, 그냥 앉아서 어느 분하고 이야기 나눈 내용을 책으로 딱 냈는데, 많은 대한민국 국민들이 '네 생각이 뭐냐? 난 그것이 알고 싶다'라면서 이 책을 샀다는 건 이분이 벌써 새로운 정치를 하고 있다는 뜻이죠.

박종진　그러니까 교수님은 안 원장이 자기 생각을 썼다고 보시는 거죠? 대중이 원하는 이야기를 쓴 게 아니고.

황상민　당연하죠. 자기 생각을 알리기 위해 책을 쓴 겁니다. 그렇지 않으면 대필 작가를 써서 책을 내고 출판기념회부터 했겠죠. 그런데 이분은 출판기념회도 안 했잖아요.

박종진　그것도 다 전략일 수 있지 않습니까?

황상민　전략이든, 아니든 기존 정치인들과는 다른 모습이란 걸 아셔야 되죠.

박종진　네, 그러니까 자기 생각을 썼다, 이 말씀이시죠?

황상민　거기에 대해 별로 안 믿으시는 것 같네요.

박종진　결국 대선에 출마할 것이니 그걸 의식해서 대중이 원하는 이야기를 했을 수도 있겠다, 저는 그렇게 생각했습니다.

황상민　만일 대중이 원하는 이야기를 썼다면 새누리당이나 민주통합당이 "야, 그건 우리가 늘 하는 이야기하고 차이가 없잖아", 이렇게 이야기했겠죠. 그리고 "뭐, 우리하고 생각이 같으니까 같이 합시다"라고 했을 수도 있죠. 그런데 새누리당이나 민주통합당이나 다 안철수 원장 책에 나온 내용을 공격했다, 라는 건 결국…….

박종진　"별 이야기 없다", 이런 식으로 공격했죠.

황상민　어떤 이야기가 있어야지 '별 이야기'라고 생각할까요?

박종진　자신만의 특별한, 기존 정치인들이 생각하지 못한 뭔가 특별한, 이런 것들을 기대하지 않았을까요?

황상민　아, 이게 또 기존 정치인들이 사고하는 방식을 그대로 알려주고 있네요. 뭔가 특별한 것을 이야기하면 대중에게 쇼크도 주고 대중이 자기한테 관심을 줄 것이라고 생각하는데, 사실 기성 정치인들은 그런 특별한 이야기를 잘하시죠, 그렇죠?

박종진　특별한 이야기를요?

황상민　네, 기존 정치인들을 잘 아실 테니까.

박종진　특별한 이야기를 하는 사람도 있고, 안 하는 사람도 있고 그렇죠.

황상민　그런데 하는 사람이 많습니까, 안 하는 사람이 많습니까?

박종진　하는 사람이 많죠.

황상민　네, 그렇게만 딱 이야기하시면 됩니다. 제 질문은 별로 어려운 게 아니니까 상식적인 수준에서만 대답해주시면 됩니다. 그런 측면에서 봤을 때 안 원장이 인기 있는 이유는 특별하고 다른 이야기를 대중에게 하는 게 아니라 자기가 생각하는 것을 있는 그대로 분명하게 표현하기 때문입니다. 사실 '안철수 원장이 책을 냈다', 뭐 저는 그 부분은 특별히 대단하다고 생각하지 않지만, 나온 지 며칠 되지도 않았는데 그 책이 몇십만 부나 팔렸다는 건 적어도 기존 정치인들과 다른 부분을 대중은 벌써 알아차렸다는 거죠.

대중은 특별함을
원하지 않는다

박종진　『안철수의 생각』은 읽으신 거죠?

황상민　대충 봤습니다. 기존에 했던 이야기가 그대로 나와 있어요. 저는 읽으면서 혹시 전에 안 했던 이야기가 있는 건 아닐까, 그렇다면 이 인간이 대중의 인기를 끌려고 변신을 하는 전형적인 정치인 모드로

들어간 심리를 찾아보려 했는데……. '아, 이 사람은 본인의 모습을 있는 그대로 보여주려고 했구나'라는 생각을 하게 됐죠. 이렇게 되면 기존 정치인들은 어떤 기분이 들까요?

박종진   뭐, 한 대 맞은 듯한 느낌일 것 같은데요.

황상민   어떻게 해서 그런 생각을 하게 되셨나요?

박종진   뭔가 새로운 것을 기대했는데, 그다지 새로운 건 없고.

황상민   아, 지금 박종진 선생이 가지고 있는 프레임은 기존 정치인의 프레임과 상당히 유사하다는 것을 제가 읽게 되네요.

박종진   아무래도 정치부 기자를 오래했기 때문에.

황상민   아, 그렇군요.

박종진   기존 정치인과 커뮤니케이션을 많이 했기 때문에.

황상민   교감을 많이 하셨죠?

박종진   네, 많이 했죠.

황상민   그렇다 보니까 '대중이 진짜 원하는 것은 무엇인가', 이 부분에 대해서는 별로 관심이 없으신 것 같아요. 알고 보면 대중은 뭔가 대단한 것, 뭔가 사람들의 마음을 혹하게 하는 것, 그런 걸 원하는 게 아니에요. 그냥 '아, 저 사람 생각이 이렇구나'라는, 분명히 확인할 수 있는 것, 일반적으로 '소통'이라고 하는, 그런 걸 원해요. 그런데 대부분의 정치인들은 상당히 멋있는 것, 그럴듯한 이야기, 정답 같은 이야기를 대중에게 던져주려고 그래요. 그렇다 보니까 진짜 누가 하는 이야기인지 별로 구분이 안 돼요. 이게 새누리당의 박근혜 씨가 하는 이야기인지 또는 민주통합당의 손학규 씨가 하는 이야기인지, 문재인 씨가 하는 이야기인지. 물론 들어보면 다 좋은 내용인데 뻔한 이야기거든요. 그렇다 보니 그들이 진짜 자기 생각을 이야기하는 건지, 아니면 좋다는 거를 다 끌어와 "제 생각이에요"라며 이야기하는 건지에 대해 의구심을 갖게 되는, 그런 상황이 만들어지는 거죠.

박종진   그러니까 황 교수님은 '안 원장이 자기 생각을 그대로 적었다', 이렇게 이야기하고 있는 거죠?

황상민   아, 그럼요.

박종진   그런데 민주통합당에서 자신들이 주장하는 여러 가지 정책하고 거의 비슷하다, 이렇게 비판하는데 이에 대해서는 어떻게 생각하십니까?

황상민   아마 민주통합당이 '안철수 원장이 우리하고 좀 더 가까운 사람이다'라는 마음을 표현한 거겠죠.

박종진   책 내용을 보니까 어떻습니까? 민주통합당하고 가깝습니까?

황상민   글쎄요, 사실 저는 새누리당이나 민주통합당이나 큰 차이가 없다고 생각하거든요. 그런데 안 원장이 하고 있는 이야기는 '우리 사회가 바뀌어야 한다. 그리고 그 바뀌는 상황에서 무엇이 상식인가. 누구나 공감할 수 있는 그 상식적인 것이 무엇인지를 우리 한번 같이 찾아보자'라는 뜻에서 여러 이슈를 이야기하는 수준이었고, 제가 봤을 때는 너무나 당연하게 '이래야 되지 않을까'라는 기본적인 의견을 표현한 것인데 민주통합당에서는 "아, 다 우리 생각이다"라고 했다니까. 그럼 민주통합당에 계신 분들은 몇 년 전에 정권 잡았을 때 왜 그걸 잘 안 하셨는지 모르겠어요. 지금에 와서 새삼스럽게 "우리 생각이다"라는 이야기를 왜 하시는지, 그것 역시 신기하네요.

박종진　현 대한민국의 상태를 '낭떠러지'에 비유하셨어요. 이거는 또 어떤 심리입니까?

황상민　아, 지금 대한민국이 잘되고 있는 것 같습니까?

박종진　어찌됐든 '대한민국은 시스템화되지 않았나', 그렇게 생각하고 있습니다.

황상민　시스템화돼 있다?

박종진　네, 누가 대통령이 되더라도 경제도 그렇고, 사회도 그렇고, 치안도 그렇고, 언론도 그렇고 굴러가는 기본은 돼 있잖아요.

황상민　그렇죠. 노무현이 대통령을 하든, 이명박이 대통령을 하든 그다음에 누가 대통령을 하든 별 차이가 없다…….

박종진　기본 시스템이 작동하고 있으니…….

황상민　"기본 시스템이 작동하고 있다"라고 이야기하시는 분들의 심리는 뭘까요?

박종진　심리요? 무슨?

황상민　그거는 현 상태에 문제가 있다, 라는 걸 인식은 하지만 인정하고 싶지 않은 거예요. 다시 말해 '기본 시스템은 돌아가고 있어. 그래서 누가 대통령이 되든 나라에 망조가 들지는 않을 거야. 그렇다면 지금 상태 그대로 가는 게 좋지 않겠어?'라는 심리를 읽을 수 있지 않겠어요?

박종진　아니 뭐, 대통령이 바뀐다고 갑자기 우리나라가 공산주의가 되는 것도 아니고요.

황상민　물론 그렇죠. 자본주의가 내일 당장 사라질 것도 아니고.

박종진　노조가 확 없어지는 것도 아니고.

황상민　그런 분들이 대개 잘하는 말씀이 있어요. "지금 대통령 선거가 얼마 남지도 않았는데, 아직까지 대통령 후보도 정해지지 않은 이런 나라가 제대로 된 정치를 하고 있다고 생각하십니까?" 이런 말씀도 하지 않습니까?

박종진　저도 그렇게 이야기하죠. 그러나 제가 이야기하는 요지는 누가 대통령이 되든 사회안전망이나 기본 틀의 60~70%는 그대로 가고, 나머지 30~40%는 대통령에 따라 바뀔 수도, 아닐 수도 있다는 겁니다.

황상민　박 선생같이 상당히 상식이 있으신 분이 그런 이야기를 하는 걸 보니 '아, 대중을 현혹하는 수준이 아니라 거의 농락하는 수준으로 지금 대한민국이 처한 상황을 왜곡하고 있구나'라는 생각이 듭니다.

『안철수의 생각』 비판하는
사람들의 심리

박종진　안철수 원장이 시사 프로그램이 아닌 예능 프로그램에 먼저 나간 부분에 대해서는 어떻게 생각하십니까?

황상민　예능 프로그램에 나가는 거하고 〈박종진의 쾌도난마〉 같은 프로그램에 나가는 거하고 차이가 있을까요?

박종진　아, 있죠.

황상민　어떤 차이가 있을까요?

박종진　예능 프로그램에서는 재미있고 좋은 이야기를 많이 하겠죠.

황상민   그렇다면 저는 재미없고 나쁜 이야기를 하고 있다는 건가요?

박종진   아니, 그게 아니라 제가 출연하신 분들에게 대답하기 곤란한 질문을 할 수도 있으니. 이렇게 흥분할 수 있는 질문을…….

황상민   제가 흥분했습니까?

박종진   아니, 흥분하셨다는 건 아니고.

황상민   안 했죠?

박종진   아, 그렇죠.

황상민   자, 지금 우리의 대화가 잘 안 되고 있잖아요?

박종진   네.

황상민   예능 프로그램과 이 프로그램의 가장 큰 차이는 시청률입니다. 이 프로그램은 기껏해야 시청률이 2~3% 될까 말까 한데, 예능 프로그램 시청률은 대충 어느 정도인지 아시죠? 기본적으로 10%가 넘습니다. 그러면 똑같은 시간에 대한민국 국민들에게 자신의 생각과 자신이 어떤 사람인지를 알리고 싶다면 2~3%의 시청률이 나오는 〈박종진의 쾌도난마〉에 출연하겠습니까, 아니면 최소 10%, 많으면 20%까지 나오는 데 가서 이야기를 하겠습니까? 이제 왜 안 원장이 여기에 안 나오는지 아시겠죠?

박종진   기분이 나쁩니다.

황상민   왜 기분이 나빠요? 이것이 바로 우리가 처한 상황을 제대로 인식하고, 우리의 문제를 풀어야 한다는 것을 그대로 알려주는 겁니다.

박종진   황 교수님은 그 책을 다 읽고, 안 원장의 심리 분석을…….

황상민   말씀을 좀 돌리시네요, 지금.

박종진　네? 돌리는 게 아니라 다음 질문을 드리는 겁니다. 하실 말씀 있으면 하세요.

황상민　우리가 지금 이야기해야 되는 부분은 이것이에요. '〈박종진의 쾌도난마〉의 시청률을 10% 이상으로 끌어올리기 위해 어떻게 하면 대중의 마음을 잘 읽어주면서 정확한 시사 이슈, 정치 이슈를 논의할 것인가?'를 안 원장의 심리와 연결시켜서 이야기하는 거죠. 그러니까 박 선생께서는 이것을 염두에 두고 제게 질문하셔야 된다는 말입니다.

박종진　네, 알겠습니다. 자, 『안철수의 생각』을 읽으면서 "어떤 철학이라든가, 깊이라든가 그런 게 없다"라고 비판하시는 분도 있던데 황 교수님은 거기에 대해서는 어떻게 생각하십니까?

황상민　그 책은 나름대로 안 원장의 철학과 가치가 아주 잘 담겨 있다고 저는 생각해요. 물론 제 생각하고 일치하지 않는 부분도 많지만요. 그런데 "깊이가 없다"라고 이야기하시는 분의 심리는 '당신의 생각은 나와 너무 다르다. 그래서 기분 나쁘다'라는 거거든요. 실제로 그 내용에 대해 완벽하게 파악하고 하시는 말씀은 아니에요. 그래서 한국 사람들의 말을 잘 이해하셔야 되는데, 단도직입적으로 폄하했다, 라는 건 책의 내용을 이해하거나 알려고 했다기보다는 '기분 나쁘다. 쟤는 나한테 찍혔어'라는 심리가 반영된 거죠. 그 말에 대해 더 이상 깊게 생각할 필요가 없는 겁니다.

박종진　안 원장의 책에 혹시 중요한 행간의 의미가 숨겨져 있다든가, 이런 건 없나요?

황상민　행간의 의미를 따지기 전에 읽는 사람이 이 책의 내용에 대해 얼마나 지식을 가지고 있고 공감하느냐에 따라 이해하는 수준이 달라집니다. 그렇기 때문에 기본적으로 저자가 싫다든지, 저자의 생각에 공감하지 않는 심리 상태라면 책에 나오는 모든 표현이 거슬리게 돼요. 그리고 "왜 이 책은 이렇게 얇은 거야?", "책을 쓰려면 지가 써야지, 건방지게 남과 대담한 걸 가지고 쓰냐?"라는 식의 이야기를 하게 되는 거죠.

박종진 그렇군요. 개인적으로는 안 원장을 어떻게 생각하십니까?

황상민 상당히 샘이 납니다. 나이도 저하고 비슷한데 많은 사람들의 관심을 받고 있을 뿐만 아니라 대한민국을 변화시키는 데 나름의 영향력을 행사할 수 있는 사람이 됐다는 거에 대해서는 존경스럽기도 하고, 부럽기도 하고. 한편으로는 이 사람이 좀 안됐다는 생각도 들어요. 가만있으면 잘 먹고 잘 살 텐데 굳이 "시대가 나를 부른다면 또는 내가 한국 사회를 바꾸는 데 도구가 되어야 된다면 나가겠습니다"라는 이야기를 한다는 게 보통 사람의 생각과는 다른 거죠. 그 이야기를 들을 때마다 '나는 그런 상황이 되더라도 안 나갈 거야. 뭐가 아쉬워서 그러겠어', 이런 생각을 하거든요. 그런 측면에서 보면 '저분은 나보다 더 배짱이 있는 건가, 아니면 나보다 더 '무데뽀'인가, 아니면 아무 생각이 없는 건가', 여러 가지 생각이 교차합니다.

대통령 사과는 억지로 쓴 반성문

박종진 안철수 원장은 대선 출마를 왜 이렇게 주저하고 있는 걸까요?

황상민   이분이 대선 출마를 주저하고 있다고 생각하십니까?

박종진   정확히 '한다'라는 표현을 안 했잖아요.

황상민   아니, 무슨 소리예요? '나는 지금 한국 사회에 대해 이렇게 생각한다'라는 걸 책으로 정리해서 내고, 그다음에 대한민국에서 비교적 인기 있는 예능 프로그램에 나가 자기를 알렸는데. 책을 썼다는 거는 이미 대선 출마를 선언한 겁니다.

박종진   그렇다면 대선 출마 선언을 확실히 해야죠.

황상민   아니, 지금 이것보다 더 확실하게 대선 출마 선언을 하는 방법이 어디 있습니까?

박종진   확실히 말하지 않으니 모든 기자들이 '대선 출마' 앞에 '사실상'이라는 표현을 붙이지 않습니까?

황상민   아니, 과거에 한나라당 대표가 가장 잘 쓰던 말이 "사실상 우리는 승리한 거나 마찬가지다"가 아니었나요? 그런 표현은 한나라당, 새누리당에 있는 분들이 제일 잘 쓰던데.

박종진   그래도 출마 선언이라고 하면 서대문 형무소 앞에서 하던가…… 뭔가 해야죠.

황상민   그것이 바로 아주 고전적이고, 아주 상투적인 정치인들의 출마 선언이라는 거죠. 결국에는 지금 박 선생께서 아주 전형적이고 상투적인 정치인의 행동과 심리를 그대로 안 원장한테 적용시켜서 '너는 왜 전형적이고 상투적인 정치인의 행동을 하지 않느냐?'라고 지적하고 있는 겁니다. 그러면 안 원장 같은 사람은 이렇게 생각하겠죠. '저 사람, 진짜 머리가 나쁜 건가, 눈치가 없는 건가? 아니면 세상이 바뀌었다는 걸 아직도 모르는 걸까? 나는 이미 대선 출마 선언을 했고 그다음에 나를 지지하는 사람이 얼마나 늘어나느냐에 따라 좀 더 적극적인 모습을 보일 거고, 사람이 더 많아지면 선관위에 후보 등록도 할 거고, 더욱더 많아지면 기존 정당이 아닌 다른 당으로 가든, 아니면 사람들의 결사체를 마련할 거고. 이건 모두 사람들이 나의 생각에 얼마나 공감하느냐에 달린 문제지. 여러분을 복지사회에서 살게 하겠습니다, 라는 식의 사기 행위를 하지 않는다는 걸 지금 이렇게 잘 보여줬는데. 아니, 내가 대선 출마 선언을 주저하고 있다니? 지금 눈 감고 귀 막고 이 세상을 보는 건 아니죠?'라고요.

박종진   아니, 그래도 주저하는 걸로 보이는데요. 대통령으로 나오실 분이면 그래도 광화문 세종대왕 동상 앞에서 뭘 하던가 해서 정확하게 자신의 의사를 표현해야죠. 국민들을 이렇게 헷갈리게 하면 안 되잖아요.

황상민   그게 바로 구시대 정치인과 새로운 정치인의 차이가 뭔지를 보여주는 것인데, 계속 그 구시대의 틀 속에서 '너는 왜 우리 식대로 하지 않느냐?'라고 따지는 게 말이 됩니까? 솔직히 이야기해서 그게 말이 된다고 생각하십니까?

박종진   아, 저도 지금 갑자기 머리가 복잡하고 헷갈리거든요.

황상민   왜 헷갈립니까?

박종진   그러니까 이미 출마 선언을 했다고 보신다, 이 말씀이시죠?

황상민   당연하죠.

박종진   저도 출마 선언을 했다고 보긴 하는데 그래도 좀 명쾌하게 할 필요가 있다, 이런 이야기죠.

황상민　아니, 언론에서도 사실상 출마 선언을 했다고 그러고, 지금 박 선생께서도 스스로 출마 선언을 했다고 말했는데. 그런데도 더 명쾌한 걸 원한다니 대체 뭐가 어떻게 더 명쾌해야 됩니까?

박종진　세종대왕 동상 앞에서…….

황상민　그러니까요. 제가 참 안타깝게 생각하는 거는 지금 수많은 대선 후보들이 "이 사회를, 이 나라를 바꾸겠습니다"라고 이야기하면서 하는 행태가 아주 구태의연한 대선 출마 형식에서 벗어나지 못한 채 여전히 뻔한 소리를 하고 있다는 거예요. 국민들이 과연 이런 인간들을 보면서 우리나라가 변화할 거라고 믿을까요? 국민들을 지금 바보로 아십니까? 그렇지는 않죠, 그렇죠?

박종진　네, 첫 번째 질문도 못 하고 오늘은 마치도록 하겠습니다.

황상민　아니, 벌써 끝났어요?

박종진　첫 번째 질문이 이명박 대통령의 대국민 사과에 대한 것이 있는데, 오늘은 이것도 못 하고 여기서 인사를 드리도록 하겠습니다.

황상민　아, 그거는 진짜 박 선생이…….

박종진　제가 잘못했습니다.

황상민　아니, 잘못했다기보다는.

박종진　제가 운영의 묘를 잘 살리지 못했습니다.

황상민　너무 정형적이고 구태의연하고 판에 박힌 정치 프레임으로 지금 한국 사회에서 일어나고 있는 현상을 보려고 한다는 것, 이것이 이 프로그램의 비극인 것 같아요. 그러니까 시청률이 2~3%밖에 안 나오죠.

박종진　네, 이 비극을 해소하기 위해 매주 수요일마다 뵙도록 하겠습니다.

황상민　　그런데 이명박 대통령의 대국민 사과문은 억지로 반성문을 쓴 학생의 심리하고 똑같아요. 그러니까 겨우겨우 쓰긴 썼는데 이런 심리인 거죠. '그래도 제가 잘한 것도 있고요. 그건 제가 한 것도 아닌데, 왜 저보고 야단치세요?' 이런 심리가 읽힐 때 제 가슴이 찡해요.

박종진　　아, 우리 중학교, 고등학교 다닐 때 썼던 반성문?

황상민　　반성문 쓰면서 '그래도 제가 잘한 것도 있거든요', 뭐 이런 식으로 쓸 때.

박종진　　반성문 이야기는 다음에 계속.

황상민　　그럴까요? 우리 자주 봅시다.

박종진　　네, 자주 뵙죠.

황상민　　이 프로그램의 시청률이 10%가 되는 그날까지.

박종진　　파이팅!

　　황상민은 최근 『대통령과 루이비통』을 출간했다. 그는 대선을 5년마다 한 번씩 서는 큰 장에, 광우병 촛불시위를 소비자(유권자)들의 이명박 대통령에 대한 반품 시도에 비유했다. 그리고 현 대선 후보들의 '슈퍼맨, 슈퍼우먼' 이미지 메이킹은 일종의 '과장허위 광고'라고 단언했다.

내가 만난
황상민

"저는 원래 종편에 안 나가는데……", "그러니까 〈박종진의 쾌도난마〉
시청률이 2~3%밖에 안 나오는 거다"…….

그가 출연한 〈박종진의 쾌도난마〉는 '황상민의 채널A 대첩'으로 불리며
유튜브를 뜨겁게 달구었다. 그는 진행자가 예상하지 못한 질문을
속사포처럼 던지는 유일한 패널이다. 그래서 그의 이야기에 집중하지
못하면 방송이 엉망이 된다.

상식적인 질문에 그가 원하는 대답이 안 나오면 특유의 하이 톤으로
"지금 무슨 소리 하시는 겁니까?"라고 되물어 진행자를 당황시킨다.
나 역시 그의 질문 공세에 휘말려 결국 준비된 어떤 질문도 제대로
하지 못한 채 방송을 끝낸 적이 있다.

그는 진보 쪽 사람들과 친하다. 새로운 변화를 갈구하는 것 같다.
미래를 예견하고 심리학자로서 사람의 마음을 정확히 꿰뚫어본다.
하지만 특정인을 지목해 비판하는 걸 좋아하지 않는다.

안철수 원장을 부러워하면서도 한편으론 좋아한다는 느낌이 확실히
드는데 본인은 그를 지지하는 것은 아니라고 방송에서 밝혔다.
저녁식사를 한 번 같이 했는데 의외로 어린아이처럼 순수한 모습을
가지고 있었다.

한편 그는 아버지가 돌아가셨다는 전화를 받고도 방송을 펑크내는 것은
안 된다며 우리 프로그램에 출연했다. 남에게 민폐 끼치는 것을
무척 싫어하는 사람이다.

황 교수의 출연을 놓고 시청자들의 찬반의견이 팽팽하다. 하지만
〈박종진의 쾌도난마〉는 다양한 의견을 시청자들에게 전해주고 싶다.

김진명

"
젊은이들
착취하고 버리는
이 나라는
잘못됐다
"

박근혜 후보가 내건

'내 꿈이 이루어지는 나라'라는 슬로건은

국민들이 다 먹고살 만하고,

사회 전체가 어느 정도 안정돼 있을 때 나올 만한 것이죠.

지금 서민들, 자영업자들, 집 없는 사람들,

취직 못 한 젊은이들이

어마어마한 도가니 속에서 고통받고 있는데,

거기서 '내 꿈이 이루어지는 나라'라는

슬로건을 내걸었다는 건

오히려 그들에게 반감밖에 못 사지요.

그것은 대단히 잘못됐어요.

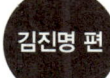

부산에서 태어난 김진명은 대학에서 법학을 전공했다. 대학 졸업 뒤 사업을 하다 실패하자
글쓰기에 도전해 1993년 재미 물리학자 고(故) 이휘소 박사가 박정희 정권 말기
핵무기 개발에 관련됐다는 가설을 토대로 한 소설 『무궁화꽃이 피었습니다』를 발표했다.
이 작품은 그가 사업에 실패한 뒤 쓴 『플루토늄의 행방』을 개작해 펴낸 것으로 밀리언셀러가 됐다.
하지만 이 소설을 두고 이 박사의 유족들은 고인이 생전에 핵무기 개발과
무관했다는 점을 들어 김진명을 명예훼손으로 고소했지만 법원은 이를 기각했다.
이후 김진명의 소설은 북핵 문제와 대미관계 갈등, 일본의 과거사 문제가 불거질 때마다
이슈가 되면서 적잖은 반향을 불러일으켰다.

_2012년 8월 29일 방송

박종진　베스트셀러 『무궁화꽃이 피었습니다』의 저자, 정치적 팩트
를 근간으로 대단히 사실적이고 박진감 넘치는 소설을 써서 출간하는
책마다 대박을 터뜨리신 분이 나오셨습니다. 일전엔 '손학규가 한나라
당을 탈당해 민주당으로 간다'라는 내용을 소설에 쓰셨는데, 그게 또
사실이 돼서 화제가 된 적이 있습니다. 예언자적인 느낌도 있습니다.
지난번 출연(8월 22일) 이후 "〈박종진의 쾌도난마〉에 다시는 나오지 않
겠다!"라고 하셨는데 오늘 또 모셨습니다. 지난번에 오셨을 때 박근혜
후보와 관련된 이야기였던가요? 제가 "박근혜 새누리당 대선 후보가
대통령 자격이 있습니까?"라고 물었는데 그때는 대답이 없으셨어요.

김진명　단도직입적으로 물었지요. "박 후보가 대통령 자격이 있습

니까, 없습니까?"라고요. 대개 이런 질문을 받으면 출연자들은 "네, 있습니다"라고 해놓고선 "하지만"을 덧붙이죠.

박종진   네.

김진명   그런데 저는 대답을 안 했죠.

박종진   네, 대답을 안 했습니다.

김진명   그래서 많은 사람들이 "오랫동안 지지율 1위를 지켜온 사람을 대통령 자격이 없다고 평가하는 것이냐?"라고 오해하시더군요. 제가 박 후보가 대통령 자격이 없다고 생각해서 대답을 안 한 것이 아니라 '더 열심히 하시라. 그것이 필요하다'라는 의미였습니다.

박종진   박 후보가 봉화마을도 가고, 김영삼 전 대통령도 예방했어요. 여기에 대해 황상민 연세대 교수와 "정치적 쇼다, 아니다", 이런 이야기가 오고갔는데 어떻게 보십니까?

김진명   아, 중요하죠. 그것이 쇼든, 아니든 그런 것을 한다는 것 자체가 중요하죠. 다만 이것은 쉬운 일이죠, 비교적. 김영삼 전 대통령을 만나고 노무현 전 대통령 묘역에 가서 참배 한 번 하고, 그게 뭐 그리 힘든 일이겠어요? 그런데 그게 대단한 일인 것처럼 언론이 이야기하는 거죠. 그것은 당연히 해야 하는, 그리고 이제는 진짜로 해야 하는 일이고, 아주 쉬운 것들이죠. 지금까지 박 후보는 전 국민의 대표라기보다는 보수의 중심인물이었어요. 국민들의 50%는 박근혜를 반대한다, 이런 것이 여전히 존재하지 않습니까? 그러니까 이런 일도 중요하지만 박 후보가 정말 해야 될 일은 "이제 진정 통합이 중요하다"라는 본인의 말처럼 진짜 통합을 위해 실제로 우리 사회의 구조적 모순을 이해하고 그 모순을 풀어나갈 인사들을 많이 발탁해 같이 한 발 한 발

실질적으로 이끌어나가는 것입니다. 제 느낌으로 봐서는 이제까지는 그걸 전혀 못 했는데, 앞으로 좀 할 것 같다는 그런 기분이 듭니다.

박종진 아, '구조적 모순을 해결할 수도 있을 것 같은 느낌이 든다', 이런 말씀이죠?

김진명 그렇죠.

박종진 작가님이 보실 때 가장 중요한, 가장 첫 번째로 풀어야 될 구조적 모순에는 구체적으로 어떤 것들이 있을까요?

김진명 우리나라는 짧은 기간 동안 굉장히 빠르게 발전해왔거든요. 그렇다 보니 실력대로 정의롭고 공평하게 뭔가가 이루어지지 않고 여러 가지 줄이라든지, 불의라든지, 부조리라든지 이런 것에 의해 부가 많이 편재되고, 기회가 제대로 나누어지지 않았어요. 더군다나 지금 전 세계가 부익부 빈익빈 현상에 시달리고 있지 않습니까? 우리나라는 그게 더 심화한 계기가 된 거죠. 그렇다 보니 지금 힘들게 사는 사람들 사이에 '내가 잘못해서가 아니라 저들이 잘못해서 내가 이렇게 된 거다. 저들이 우리 것을 가져가고 있다', 이런 생각이 굉장히 널리 퍼져 있어요.

박종진 '뭔가 빼앗기고 있다'라는 느낌을 갖고 있죠.

김진명 그렇죠. 그런데 박 후보가 "도대체 뭐가 문제냐?", 이것을 측근들한테 물어서는 모르거든요. 그들의 대답은 다 뻔하니까. 진짜 못사는 사람들의 목소리를 듣고 그들의 불만이 무엇인지를 알아야 한다는 거죠. 사실 힘 있고 잘사는 사람들에게는 대통령이 누가 된들 그게 무슨 상관이 있겠어요? 그 차이가 별로 없어요.

박종진 못사는 사람들한테는 중요하죠.

김진명　　힘없고 약한 사람들의 대통령이 돼야 하는 거거든요, 진짜 대통령이라는 건. 그래서 박 후보가 이번에 다시 기회를 얻게 된 것이 본인에게 큰 변화의 계기가 돼야 하고, 전 충분히 그렇게 변할 것으로 보고 있습니다.

젊은이들의 미래 빼앗아간 책임져야

박종진　　박 후보가 슬로건을 '힘없고 가난한 사람들의 대통령', 이렇게 내걸었으면 참 좋았을 뻔했는데 '내 꿈이 이루어지는 나라'라고 했어요. 이 부분은 어떻게 생각하십니까?

김진명　　'내 꿈이 이루어지는 나라'라는 슬로건은 국민들이 다 먹고 살 만하고, 사회 전체가 어느 정도 안정돼 있을 때 나올 만한 것이죠. 지금 서민들, 자영업자들, 집 없는 사람들, 취직 못 한 젊은이들이 어마어마한 도가니 속에서 고통받고 있는데, 거기서 '내 꿈이 이루어지는 나라'라는 슬로건을 내걸었다는 건 오히려 그들에게 반감밖에 못 사지요. 그것은 대단히 잘못됐어요.

박종진　　네, 철저히 보수임을 보여주는 그런 문구다, 그렇게 보시는군요.

김진명　　지금 이 시대에 새롭게 대통령으로 나서려는 사람으로서의 구호로는 대단히 부적절해요. 차라리 '없는 사람들의 대통령으로만 5년을 지내겠습니다'라든지, '정권의 운명을 젊은이들하고 같이 하겠습니다'라든지, 이런 게 낫지 않을까요? 지금 우리 젊은이들의 삶이 얼마나 비참합니까? 돈 좀 있는 사람들은 지난 50~60년간 땅 사고팔고, 집 사고팔고 해서 부를 축적해오지 않았습니까? 그게 다 누구 것을 빼앗아간 건가요? 다 힘없는 젊은이들 것을 빼앗아간 거죠.

박종진　미래의 젊은이들의 것을 빼앗아간 거죠.

김진명　젊은이들의 미래를 가져간 거죠.

박종진　집값 올려놓고, 땅값 올려놓고 이런 것들이.

김진명　지금 세계적으로 자본이 집중되다 보니 취직하기가 어렵지 않습니까? 젊은이들이 취직이 안 되면 장사도 하고 사업도 하고 여러 가지를 해야 되거든요. 그런데 지금 이 집값에, 이 땅값에, 이 임대료에 젊은이들이 도대체 뭘 할 수가 있겠습니까? 사회에 나오자마자 그냥 실업자가 되고, 대학 등록금 대출받은 거 못 갚아서 바로 신용불량자가 되는 그런 젊은이들이 득실득실한데, '내 꿈이 이루어지는 나라'라니요. 그건 맞지가 않아요.

박종진　말씀 들어보니까 지금 젊은이들이 일자리를 못 얻고 이렇게 가슴 아프도록 만든 책임이 다른 그 누구가 아니라 바로 우리한테 있었군요, 어른들한테.

김진명　그 뿌리가 지금 잘사는 어른들한테 있지요. 이토록 젊은이들을 착취하고 버리는 이런 사회는 있을 수 없어요. 대한민국이 너무나 잘못된 거예요. 대통령이 그걸 고쳐야죠. 그래서 '내 꿈이 이루어지는 나라'가 아니라 '젊은이들과 정권의 운명을 같이 하겠습니다', 이렇게 나가야지요.

박종진　자, 하여튼 슬로건도 좀 문제가 있고요. 박 후보가 당선이 될 것 같습니까? 어떻습니까? 예언자적인 감, 그런 게 있지 않습니까? '손학규 전 경기도지사가 한나라당을 탈당해 민주당으로 간다'*도 맞히셨고요. 정치소설이다, 생각하고 한번 상상해보시죠.

김진명　　그동안 우리는 대통령을 주로 대내적 요소에 의해서만 뽑았어요. 그런데 지금은 중국이 급부상하고 있고, 중국의 난폭한 어부들이 우리 해경을 살해하기도 하고, 김영환 씨 고문 문제도 있고, 일본은 일본대로 '독도를 내놔라' 이렇게 나오고 있어요. 또 북한은 김정일이 죽고 어린 김정은이 등장해 군부하고도 충돌을 일으키지 않았습니까? 당분간 군부가 잠잠하겠지만 김일성도, 김정일도 굉장히 겁냈던 게 군부고, 선군정치거든요. 그래서 군부의 대반격이 앞으로 또 있을 수도 있고요. 이런 국기를 흔들 수 있는 대외적 요소가 많이 작용하기 때문에……. 가장 큰 문제는 역시 세계경제로 상당히 어렵지요. 너무나 불확실해요. 우리나라와 중국 등 몇 나라는 요 몇 년간 상당히 평온하게 보냈지만, 미국이라든지 유럽 각국, 중동, 아프리카 등 많은 나라들이 굉장히 흔들리면서 힘들게 보냈거든요. 그런 불안과 우려를 느끼는 마음이 국민들에게도 똑같이 있기 때문에 이럴 때는 대략 보수 쪽 후보를 선호하는 성향이 좀 더 강해집니다.

박종진　　아, 이 사회와 경제가 불안할 때는 보수 쪽 대통령 후보를 뽑는 경향이 있다?

김진명　　그래서 저의 판단으로는 박 후보가 최선을 다한다면 '다른

---

* 김진명이 2007년 대선을 앞두고 발표한 『킹메이커』는 실명 정치 소설로 허구와 진실을 오가며 극적 긴장감을 더했다. 특히 이 소설에서 작가는 손학규 전 경기도지사의 한나라당 탈당과 민주당 입당을 예언해 큰 화제가 됐다.

대선 후보에게 힘이 달려서 졌다', 이런 건 없을 거예요. 다만 최선을 다하지 않고, 세상을 너무 우습게 보고 자신의 주장만 내세우며, '내가 옳으면 됐지' 하면서 소통도 별로 안 하고, 진짜 대통령이 필요한 사람들의 편에 서지 않는다면 안 될 수도 있겠죠. 하지만 본인이 최선을 다한다면 박 후보에게 희망이 있지 않을까, 라는 게 저의 판단입니다.

박종진　　본인이 교만하고 실책만 하지 않는다면 박 후보가 당선될 가능성이 높다?

김진명　　그렇습니다. '안철수 현상'에 대해 객관적인 실체가 있는 것이 아니라 '내가 잘 못하니까, 제도권 정치가 제대로 작용하지 못하니까 그런 현상이 생기는 거구나'라고 생각해서 '내가 제대로 하면 안철수 현상이라는 건 저절로 소멸하는 그런 허상이다'라고 보는 게 가장 정확하겠죠.

박종진　　아, 안철수 현상을 허상으로 본다?

김진명　　그렇게 봐야죠. 지금 안 원장이 새누리당하고 합칠 가능성은 거의 없으니까요. 그렇게 본다면 박 후보가 '나 스스로만 잘하면 된다. 결국 넘어야 할 산은 나 자신이다'라고 생각하면 틀림없을 거예요.

박종진　　박원순 서울시장이 "안철수 원장이 민주통합당으로 들어갈 일은 없다"라며 "무소속 출마를 권고한다"라고 이야기를 했는데요. 여기에 대해서는 어떻게 생각하십니까?

김진명　　박 시장이 안 원장에게 무소속 출마를 권유한다면 그것은 독배를 주는 것과 마찬가지인 거죠.

박종진　　그러면 박 시장이 지금 독배를 줬다는 말입니까?

김진명　　만약에 그렇게 이야기했다면 그것은 안 원장에게 독배를 준 거죠. 왜냐하면 안 원장이 무소속으로 나와서 민주통합당 후보하고 3파전을 벌이게 되면…….

박종진　3파전이 되면 안 되죠.

김진명　그렇게 됐을 때는 엄청난 원망을 듣게 되겠죠. 그리고 또 본인이 크게 성공하기도 어렵고요. 그렇게 본다면 안 원장으로서는 도저히 선택할 수 없는 길인데.

박종진　박 시장이 왜 그런 말을 했을까요? 그 정도는 계산했을 텐데요.

김진명　그분도 생각이 깊은 분이니까 나름의 이유는 있겠지만. 그러나 지금 안 원장의 선택 중에는 '나는 이번 대선에는 안 나가고 다음에 박원순 시장을 밀어야겠다', 이런 생각이 있을 수도 있거든요.

박종진　아, 안 원장이 이번에는 출마를 접고 5년 뒤 차기 대통령으로 박 시장을 민다?

김진명　그런 것도 생각할 수 있겠죠. 왜냐하면 지금 여러 가지 상황을 볼 때 안 원장이 출마 의욕이 강해서 사람들을 잔뜩 끌어모으고 있는 건 아니잖아요.

박종진　네, 그렇죠.

김진명　안 원장이 아직도 출마를 고민하고 있다는 건 그런 의도도 있지 않을까, 생각한다는 거죠. 제가 본 안 원장은 충분히 그럴 수 있는 사람이에요.

문재인 후보의 약점은 지나치게 깨끗하다는 것

박종진　　지금부터는 대선 주자들에 대한 가정입니다. 만약 지금 박 후보의 측근, 남편이 안 계시니 동생이나 뭐 이런 사람들이 부조리한 일을 저질렀다면 박 후보가 어떻게 나올 것 같습니까?

김진명　　글쎄 박 후보라면…….

박종진　　가정입니다, 이거는.

김진명　　지난번에 그랬죠. "내 동생이 아니라고 했으니까 아닌 거 아니냐"라면서 동생에 대한 강한 신뢰를 보였습니다. 대외적으로는 동생을 변호했지만, 안으로는 동생에게 얼음보다 더한 빙하 같은 차가운 태도를 보였을 것 같아요. 박 후보가 사람을 싫어할 때는 좀 차디찬 얼음 같은 면이 있어서.

박종진　　다음은 문재인 후보입니다. 이것도 다 가정입니다. 혹시 측근, 특히 부인이 만약에 뭔가 문제를 일으켰다? 이러면 문 후보는 어떻게 대처할까요?

김진명　　제가 보는 문재인은 무조건 이혼장 내밀 사람이에요.

박종진　　아, 그렇습니까?

김진명　　네, 부인이든 누구든 좌우지간 부정한 일을 했다, 엉터리로 했다 하면 바로 갈라설 사람이에요.

박종진　　아, 그렇습니까? 이분이 가장 깨끗한 게 약점이라고 말씀하셨잖아요. 깨끗한 게 약점이 될 수도 있는 겁니까?

김진명　　네, 그럼요. 깨끗하다는 것은…….

박종진　조금은 더러워야 됩니까, 그러면?

김진명　아, 꼭 더러워야 된다는 건 아니지만.

박종진　그런 건 아니고?

김진명　사람들은 깨끗한 쪽으로 가기 위해 무던히 노력하죠. 그런데 깨끗해지기는 참 어려운 일이에요. 우리가 거짓말을 안 해야겠다고 하면서도 거짓말을 안 할 수는 없지 않습니까? 도스토예프스키의 소설 『백치』 같은 데 보면 끝까지 거짓말을 안 하려고 했던 미시킨 공작 같은 사람은 결국 정신병원에 가잖아요.

박종진　아, 끝까지 거짓말 안 하면 정신병원 가는군요.

김진명　깨끗해지기가 굉장히 힘든 거거든요. 문 후보 정도로 깨끗하기는 참 어렵죠. 굉장히 소중한 우리 사회의 자산 중 한 사람이죠. 그러나 깨끗한 것은 또 단순해요. 전략적 사고를 잘 못하거든요. 그리고 외길만 고집하는, 실제로 문 후보는 진보 쪽으로 상당히 기울어져 있는 분이에요. 그래서 보수나 중도보수의 가치, 이분의 말씀을 그대로 빌리자면 "정의로운 보수도 진보이다"라고 하셨는데 그렇게 다 진보적 시각으로만 세상을 보려고 하는 부분이 있죠. 우리나라처럼 복잡하고 다원화된 사회는 한 가지 시각만 갖고 봐서는 안 됩니다. 진보와 보수를 같이 봐야죠. 사람들이 가끔 저한테 "당신은 극우 같기도 하고, 좌파 같기도 한데 도대체 정체가 뭐냐?"라는 질문을 하세요. 그런데 "도대체 정체가 뭐냐?"라는 그 질문 자체가 잘못된 거죠. 어떤 경우에는 극우의 주장을 해야 될 때도 있고, 반대로 극좌의 주장을 해야 될 때도 있거든요. 똑같은 한 사람도 젊어서는 좌측에 서는 게 맞고, 나이가 들어서는 우측에 서는 게 대략 맞는 거거든요. 그러니까 정체가 뭐냐? 하면서 바로 편 가르기 하려는 것은 옳지가 않아요.

박종진　　　오늘 김진명 작가님과 독도 관련 이야기를 나누려 했는데 결국 못 하고 말았네요. 미국의 시인인 에머슨(Emerson)이 이런 말을 했습니다. "성공의 최고의 비밀은 자기 신뢰다"라고요. 스스로 자기를 믿는 것, '난 착한 사람이다. 난 할 수 있다. 난 훌륭한 사람이다'라고 스스로를 믿으세요. 그러면 성공할 수 있습니다.

　　　　김진명의 작품은 '역사 그 자체다'라는 시각이 있는 반면 '극우 민족주의자나 민족주의를 상업적으로 이용하고 있다'라는 비판적 시각도 있어 평가가 엇갈린다. 그는 2011년 한민족 역사에서 가장 강대한 제국을 꿈꾸었던 고구려의 이야기를 오늘날의 현실에 빗대 서사화한 『고구려』를 내놓았다. 현재는 2011년 12월 사망한 북한 김정일 국방위원장에 대한 책을 준비 중이다.

내가 만난
김진명

대한민국 최고의 작가 김진명. 출간하는 모든 책마다 베스트셀러가
되는 데는 분명 이유가 있었다. 그는 기자보다도 더 기자적인 취재
능력을 갖고 있었다. 분명한 역사의식, 논리력, 끈기, 승부욕 등이
그를 보며 떠올린 단어들이다.

그는 김재규가 박정희 전 대통령에게 총을 쏜 것은 미국의 사주를
받았기 때문이 분명하다고 믿고 있었다.

그리고 생방송에서 박근혜 후보는 5·16군사정변과 유신헌법에 대해
확실히 사과해야 한다고 말했다. 그것이 박정희 시대에 핍박받은
사람들에 대한 기본적인 예의라고도 했다. 또 박지만 씨가 아버지가
독재를 한 건 사실이라고 자신에게 말했을 때는 껴안아주고 싶었다고
털어놓았다.

문재인 후보에게는 비례대표 비리나 모바일 부정 의혹이 터졌을 때
이해찬 대표와 박지원 원내대표에게 목소리 높여 야단칠 수도 있어야
한다고 말했다. 그런 카리스마와 용기가 있어야 대통령이 될 자격이
있다고 덧붙였다.

그는 '겜블러'였고 무슨 일이든 목표를 세우면 결국 달성하고야 마는
도전정신을 가졌다. 신중한 자세로 모든 사람을 대했으며 놀라운
예지력도 갖고 있었다. 이 밖에도 본인만이 알고 있는 역사적인 사실을
털어놓았을 때는 두려움까지 느껴졌다.

나는 한 번만 출연하겠다는 그를 여러 가지 이유를 들어가며 설득해
허락을 얻어냈다. 그는 나와의 인연을 소중히 여겨 연속해서
출연해주었고 시청자들로부터 많은 호응을 이끌어냈다.

〈박종진의 쾌도난마〉의 출연자들이 예측한대로 안철수 서울대 융합과학기술대학원 원장은 지난 9월 19일 대선 출마를 공식 선언했다. 안 원장은 이날 구세군 아트홀에서 가진 기자회견에서 "국가경영의 막중한 책임을 지는 결심에 이르기까지 정말 많은 생각을 하지 않을 수 없었다"라며 "이제 저에게 주어진 시대의 숙제를 감당하려고 한다"라고 강조하고 "정치가 바뀌어야 우리의 삶이 바뀌고, 변화의 열쇠는 국민들에게 있다"라며 "저와 함께 해 달라"라고 지지를 호소했다.

박종진의
쾌도난마

1판 1쇄 발행 2012년 10월 8일
1판 4쇄 발행 2013년 10월 2일

지은이 박종진

발행인 김재호
출판편집인·출판국장 권순택
출판팀장 이기숙

편집장 박혜경
원고 구성·정리 박길명
마케팅 이정훈·정택구·박수진
교정 고연주
인쇄 중앙문화인쇄

펴낸곳 동아일보사
등록 1968.11.9(1-75)
주소 서울시 서대문구 충정로3가 139번지(120-715)
마케팅 02-361-1030~3 팩스 02-361-1041
편집 02-361-0967 팩스 02-361-0979
홈페이지 http://books.donga.com

ISBN 978-89-7090-909-7 03340
값 13,000원